Michael Altinger

Auch das Christkind muss dran glauben

Michael Altinger

Auch das Christkind muss dran glauben

SüdOst Verlag

Bibliografische Information der Deutschen Nationalbibliothek

Die Deutsche Nationalbibliothek verzeichnet diese Publikation in der Deutschen Nationalbibliografie; detaillierte bibliografische Daten sind im Internet über http://dnb.dnb.de abrufbar.
ISBN 978-3-86646-741-5

Für die Meinen und für die Euren

Danke an meine Helfer, Kritiker und Inspirationsquellen.
Mein besonderer Dank geht an:
Alexander Liegl, Thomas Lienenlüke,
Josefine Deml, Martina Bogdahn, Lianne Kolf,
Nicola, Jakob und Leo und an meinen Bruder Werner

Die Publikation dieses Werkes erfolgt auf Vermittlung
durch die Verlagsagentur Lianne Kolf, München.

Umschlaggestaltung: Martina Bogdahn

1. Auflage 2019
ISBN 978-3-86646-741-5

Inhalt

Verklärte Kindheit 1

Drei Nüsse

In der Erinnerung ist die Weihnacht der eigenen Kindheit immer viel schöner, als sie wahrscheinlich in Wirklichkeit war.
Gerade als passionierter Weihnachtsnarr, wie ich einer bin, verklärt sich die Erinnerung zu einem Weihnachtswinterwundermärchen, das für jeden Realisten, der das Fest einfach nur unbeschadet überstehen will, nur schwer zu ertragen sein dürfte. Ich kann aber nicht anders und deshalb hier meine Kindheits-Weihnacht, wie ich sie für mich abgespeichert habe und wie sie folglich für immer bleiben wird.

In meiner Erinnerung lag an Weihnachten immer Schnee. Meterhoch. Es gab praktisch keine Autos, nur Pferdegespanne mit riesigen Schlitten und Bimmelglöckchen.
Und es schien immer die Sonne, auch wenn es schneite.
Die Temperaturen waren tagsüber angenehm und abends brannte ein freundliches Feuer im offenen Kamin, vor dem ein Braunbär lag. Ein sehr friedlicher Braunbär, der schon mal für die Zeit nach seinem Ableben probeliegen wollte.

Der Christbaum war mindestens fünf Meter groß.
Mein Vater hatte ihn eigenhändig, in dunkelster Nacht, im tiefsten Wald geschlagen. Ich weiß nicht mehr, wie er ihn aus dem Wald, mehrere Kilometer über die Landstraße und dann in unser Wohnzimmer verfrachten konnte. Mein Vater war schon immer ein eher zarter, feingliedriger Büromensch, der sich in Mittagspausen gerne in seinem Sessel, hinter Zeitungen versteckte und auch ansonsten wenig an einen groben Holzknecht erinnerte. Vielleicht hat er ja die Zeitungen aber gar nicht wirklich gelesen.

Vielleicht hatte er sie nur vor sich aufgefaltet, um dahinter ein Muskelaufbautraining zu absolvieren. Gigantische Hanteln hat er hinter der Zeitung gestemmt,nur für den Christbaum.

Ja, jetzt erinnere ich mich wieder.
Genau so war das. Mein Vater, der Terminator.
Er stapfte in den Wald, fällte den Baum, mit einem lässigen Handkantenschlag und kämpfte dabei gegen viele wilde Tiere.
Er besiegte sie alle.
Ein Braunbär ergab sich sogar schon vor jeder Kampfeshandlung und schwor, sich unentgeltlich, bis über seinen Tod hinaus, für unsere Familie zur Verfügung zu stellen.
Alle übrigen Tiere landeten an den Feiertagen, köstlich zubereitet, auf unserem Festtagstisch. Gerne denke ich zurück an den alljährlichen Weihnachtsdachs.
Um hier die Gemüter aller Tierschützer zu beruhigen:
Ostern verbrachten wir ausschließlich vegetarisch.

Meine Mutter hatte in den Wochen vor Weihnachten praktisch nichts zu tun. Ihr war stinklangweilig, weil ich ihr jede Arbeit aus der Hand nahm. Bevor sie auch nur an Einkäufe denken konnte, stand das Zeug schon in der Küche, in der Speisekammer, im Keller. Die Geschenke hatte ich gemeinsam mit dem Christkind organisiert. Das Christkind wohnte damals an einem geheimen Ort, namens Quelle-Katalog.

Meine Mutter schämte sich ein klein wenig vor ihren Freundinnen, die sich Jahr für Jahr in ihrem Vorweihnachtsgejammer überbieten mussten. Deshalb gestattete ich ihr, hin und wieder Sätze verwenden zu dürfen, wie: „Mei, jetzt sind die Vanillekipferl schon bald wieder aus. Ich schlage drei Kreuze, wenn die staade Zeit vorbei ist. Ich bin doch nur noch die Dienstmagd daheim.“

Ihre Freundinnen taten dann jedes Mal so, als würden sie ihr glauben. Natürlich hatte sich die Wahrheit über die Jahre längst herumgesprochen und ständig wurden mir Adoptionsangebote zugeschoben.

Nichts überließ ich dem Zufall und ich tat es gern.
Ständig war alles geputzt, geschmückt und wohlduftend.
Sogar den Braunbären vor dem Kamin hatte ich parfümiert mit einer raffinierten Kombination aus Moschus und Honigmelone.

Mein Bruder und ich stritten jeden Abend,
wer sich zum Fernsehen auf den Braunbären kuscheln durfte.
Nicht zuletzt, weil es doch sehr kalt war in unserem Wohnzimmer.
Trotz Kaminfeuer, Fußbodenheizung und diverser Heizstrahler.
Um den 5 Meter großen Christbaum platzieren zu können,
hatte mein Vater nämlich das Hausdach abgedeckt.
Ja ja, genau so war das.

Und ich war glücklich, rotwangig und für meine jungen Jahre,
doch schon erstaunlich gut entwickelt, um nicht zu sagen,
verdammt frühreif. Das ist wohl der Grund, weshalb die Hauptdarstellerin aus „Drei Nüsse für Aschenbrödel“ unsterblich in mich verliebt war. Jedes Jahr kam sie kurz vor den Weihnachtsferien zu uns nach Hause und blieb bis „Drei König“.
Und in den Sommerferien war ich bei ihr, in der Tschechei.
(Das heißt heute Tschechien, aber solange meine Oma lebte,
hieß das Tschechei.)
Es war so eine Art Austauschprogramm. Sie sprach nicht sehr gut Deutsch, aber sie hatte immer ihre Synchronsprecherin dabei,
die ebenfalls verdammt gut aussah und sehr auf mich stand.
Ich glaube, manchmal hat sie absichtlich falsch übersetzt,
um gegen Aschenbrödel zu intrigieren. Aber ich durchschaute das.

Ich musste nur in Aschenbrödels Augen sehen und ich verstand,
was sie mir wirklich mitteilen wollte. Ich verstand jedes Wort.
Ihre Augen, sie sagten mir Dinge, wie:
„Wie spät ist es eigentlich?“
„Lass doch deine Mutter auch mal was machen.“
Oder „Wann komm ich denn heute im Fernsehn?“

Sie wollte sich immer nur im Fernsehn anschauen.
„Drei Nüsse für Aschenbrödel.“ Das kam ja im Hauptprogramm
und auf allen dritten Programmen, teilweise zu mehreren
Sendezeiten, aber auch gleichzeitig.
Und ständig musste sie reinquatschen:
„Pass auf! Jetzt kommt gleich die Szene, wo ich …“
„Ach, das weiß ich noch.
Das Pferd musste hinterher eingeschläfert werden, weil …“
„Och Gott, der arme Prinz! Du weißt doch, ich vertrage keine
Kohlehydrate und dann …“ Gott, wie hat mich das genervt.
Und dann alles immer gleichzeitig auf Tschechisch und
in der deutschen Synchronfassung.

Das nervigste aber waren die Tauben.
Sobald Aschenbrödel in unser Haus kam, waren auch
die Tauben da. Keine Ahnung, ob sie mit ihr angereist kamen
oder ob sie aus der Gegend stammten. Massenhaft Tauben.
Unglaublich pedantische Viecher. Sie ertrugen es nicht,
wenn irgendwas rumlag. Sofort musste das aufgeräumt werden.
Erdnussflips oder Smarties … vergiss es!
„Eins ins Töpfchen, eins ins Kröpfchen.“ Was für ein Quatsch!
Sobald ich eine Handvoll auf den Wohnzimmertisch schüttete,
kamen die Tauben und haben das Zeug wieder in die Tüte gepackt.
Mein Zimmer war super aufgeräumt. Da lag nichts mehr rum.
Alles war auf seinem Platz. Aber dafür war auch alles komplett
voller Taubendreck.

Und dann dieses ständige Gegurre.
Aschenbrödel sprach tschechisch, die Synchronsprecherin
deutsch und die Tauben gurrten irgendein unverständliches Zeug.
Ich musste mich unglaublich konzentrieren,
um überhaupt ein Gespräch möglich zu machen.

Aber auch das tat meiner großen Liebe zu Aschenbrödel
keinen Abbruch. Was uns letztlich trennte, war ein ganz anderer
Umstand. Sie war mir irgendwann zu alt. In der ersten Zeit war das
kein Thema für mich. Liebe macht ja bekanntlich blind.
Aber 17 Jahre, das ist dann doch ein Altersunterschied,
der sich früher oder später bemerkbar macht. Man stelle sich
das vor: Ich war gerade mal 9 und sie 26, und sie stand
noch immer auf Pferde und nannte mich „mein kleiner Prinz".
Wie lächerlich.
Ständig wollte sie mich umziehen, kämmen und baden.
Ich fand das unglaublich albern und unreif.
Außerdem verstand sie nicht, dass ich irgendwann auch mal
mehr wollte, als vor der Glotze sitzen, Händchen halten
und den Tauben beim Aufräumen und Scheißen zuzuschauen.
Ich musste es beenden.

Verklärte Kindheit 2

In der Schule

Ich war in meiner Kindheit übrigens nicht nur mit tollen Schauspielerinnen liiert, nein, ich war auch selbst ein sehr erfolgreicher Darsteller. Meine Karriere startete ich als „dicker Willi“ in „Biene Maja“ im Ensemble der Kindergartentheatergruppe Sankt Bonifaz zu Strunzenöd.
Es war ein großer Erfolg und gleich darauf kam meine Karriere auch schon ins Stocken. Wahrscheinlich wollte ich zu viel.
„Biene Maja“ war mir irgendwann zu seicht, zu sehr Boulevard.
Ich strebte nach Höherem. Ich wollte mehr Tiefe, mehr ins Charakterfach. Mein größtes Ziel war es, einmal im Krippenspiel die Massen begeistern zu dürfen. Und das kam so:

Am letzten Schultag vor den Ferien bekam unsere Klassenleiterin immer eine kleine Aufmerksamkeit von uns bzw. unsere Eltern wollten das so. Ich glaube, damals wurde von elterlicher Seite generell mehr geschleimt. So sehr heute gegen Lehrer geschimpft und prozessiert wird, so wurde damals geschleimt.
Sowohl zu Weihnachten, als auch zum Jahresabschluss gab es eine „kleine Aufmerksamkeit“ von der gesamten Klasse.
Geschenke für den Lehrer waren offiziell verboten.
Deshalb nannte man das Geschenk lieber „kleine Aufmerksamkeit“.
Von jedem Schüler wurden zwei Mark eingesammelt und der Klassensprecher hat mit seiner Mama diese Aufmerksamkeit besorgt. Einmal stand in meinem Zwischenzeugnis: „Man würde sich vom Schüler M mehr Aufmerksamkeit wünschen.“
Ich fand aber, dass vier Mark im Jahr absolut ausreichten.

Und dann gab es da immer diese gewissen Mitschüler,
die weitaus aufmerksamer waren als ich. Und die hatten
noch eine zusätzliche „kleine Aufmerksamkeit“ zu bieten.
Immer in Verbindung mit einem Begleitschreiben der Eltern.
Und das waren auch die Klassenkameraden, die im
Krippenspiel eine Hauptrolle übernahmen.
Maria, Josef, der Engel des Herren …
Es waren die, die später ins Gymnasium gingen,
ein anständiges Abitur machten, Studium, Karriere und
irgendwann wegen Betrug und Bestechung hinter Schloss und
Riegel landeten. Es gibt eben doch einen gerechten Gott.

Eben noch als Erzengel den Hirten auf der Weide die
frohe Botschaft verkündet und wenige Jahre später schon
im Knast. Und dort sitzen sie. Verdammt bis in alle Ewigkeit.
Und sie verfluchen ihre Eltern, die sie auf die schiefe Bahn
gebracht hatten. Oder besser gesagt: auf die schräge Schleimspur.
In der Schule immer in der ersten Reihe gesessen,
immer als erster gemeldet. Tafeldienst, Kartendienst,
Hausaufgaben hat man nicht nur immer gemacht,
nein, man hat sie erst entworfen und dann noch einmal
in Schönschrift nachgemalt. Alles richtig, alles bestens!

Tja, und dann der tiefe Fall.
Weil man nie gelernt hatte, auch mal unauffällig zu sein,
müde oder sogar antriebslos. Weil man nur gelernt hatte,
strebsam zu sein und gefallen zu müssen, um voranzukommen.
Und so war man auch bereit, für den Konzernchef ein paar
Bilanzen zu fälschen, um ihn und die Aktionäre zufrieden
zu stellen. Bitter, bitter!

Diesmal hilft kein Krippenspiel, kein Engelsgewand,
kein Heiligenschein: „Fürchtet euch nicht,
denn ich verkünde euch eine große Freude,
die dem ganzen Volk zuteil werden soll …!"
Auch Mami und Papi können nichts mehr tun.
Da hilft kein Weihnachtsgeschenkekorb voller kleiner
Aufmerksamkeiten und kein Begleitschreiben:
„Liebe Frau Rattinger, was Sie für unser Kind leisten, ist einfach
großartig. Wir sind sicher, in ein paar Jahren werden wir dankbar
zurücksehen auf den Grundstein einer erfolgreichen Karriere,
den sie für unser Kind so wunderbar gelegt haben."
Es ist einfach aus. Aus und vorbei.

Wie gesagt, ich spielte nie eine tragende Rolle im Krippenspiel.
Meine Eltern waren nämlich keine Schleimer, sondern sparsame,
ehrliche Bürger. Und so blieb mir die Tür zu bleibendem
schauspielerischem Ruhm und Ehre verschlossen.
Dabei hatte alles so verheißungsvoll begonnen,
als „dicker Willi" in „Biene Maja".
Meine Glanzrolle! Ich war damals alles andere als dick.
Trotzdem ging ich in meiner Figur so auf,
dass man mir meine Rolle voll und ganz glaubte.

Ich war damals das, was man noch heute landläufig
als „Wieselhering" bezeichnet. Wiesel und Hering. Eine delikate
Kreuzung, die wohl jede Evolutionstheorie überfordert.
Ich will es einfacher erklären: Ein „Wieselhering" ist eine
spezielle Form eines heranwachsenden „Wolpertingers".
Der Wieselhering hat immer Appetit,
wirkt aber extrem unterernährt. Dabei ist er oft größer
als seine Altersgenossen und wird auch gern als
„langes Elend" oder „Gandhis zwölfter Brezensalzer" betitelt.

Erst ab dem 30. Lebensjahr entwickelt er
den nötigen Haarwuchs und Körperwölbungen,
die ihn letztlich als „Wolpertinger“ auszeichnen.

Mit 6 Jahren war ich also das Musterbeispiel eines „Wieselherings“,
aber ich spielte den „dicken Willi“ mit einer solchen
Überzeugungskraft, dass wohl jeder Falkenberg- oder
Strasbergschüler vor Neid erblassen würde.
Sicher hatten die Schaumstoffmatten, die mir zuvor um den Körper
gewickelt wurden, einen nicht unerheblichen Anteil an meiner
Ausstrahlung. Ich schaffte es nämlich, trotz offensichtlicher
völliger Bewegungsunfähigkeit, die Biene Maja aus den
Fängen der Spinne Thekla zu befreien.

Mit letzter Kraft und schwer atmend, schleppte ich mich voran und
sprang gegen das Spinnennetz, das dabei aber nicht reißen wollte.
Nein, das Spinnennetz blieb gänzlich unversehrt.
Stattdessen riss ich aber das Gestell, an dem das Netz befestigt war,
sowie die gesamte Bühnenausstattung krachend zu Boden.
Die Biene Maja war befreit, die Spinne Thekla halb erschlagen
und die Vorstellung beendet.
Besser hätte man einen Schlusspunkt dramaturgisch nicht
setzen können.
Ein Ereignis, das auf vielen Super-8-Filmen festgehalten wurde
und noch heute, bei zahlreichen Familienfeiern zur Belustigung
vorgeführt wird.
Und so gelangte ich also schon in meinen frühen Jahren zu einer
ganz beachtlichen regionalen Prominenz.
Man nannte mich den „Chuck Norris of Strunzenöd“.

Ich glaube, das war auch der Grund, weshalb die Hauptdarstellerin
aus „Drei Nüsse für Aschenbrödel“ auf mich aufmerksam wurde
und fortan die Winter- und Sommerferien mit mir verlebte.

Ich war auf dem Höhepunkt meiner Karriere.
So sollte es weitergehen. Auch Sophie Marceau, die Hauptdarstellerin aus „La Boum – die Fete“, hatte Interesse bei mir angemeldet.
Ich blieb aber Aschenbrödel treu. Vielleicht lag es aber auch daran, dass „La Boum“ erst Anfang der 80er Jahre gedreht wurde
und ich ihr antwortete: „Liebe Sophie, jetzt konzentrier Dich
erst Mal auf Deinen Film und dann sehen wir weiter.“

Noch heute könnte ich mich für diese Borniertheit ohrfeigen.
So ist es eben, wenn man ganz oben steht.
Man fühlt sich entmenschlicht und gottgleich.
Doch der tiefe Fall folgte auf dem Fuße.

Es war nur wenige Monate nach meiner Einschulung.
Die ersten Eltern hatten die Lehrerin bereits
mit „kleinen Aufmerksamkeiten“ bedacht,
da ging es an die Besetzung des Krippenspiels
und man fragte mich allen Ernstes, ob ich denn nicht Lust hätte,
die ehrenvolle Rolle des Ochsen zu übernehmen.
Das Rollenangebot wurde begründet mit der Behauptung:
„Schaumstoffmatten stehen dir einfach verdammt gut.“

Ich war geschockt und am Boden.
Diese Banausen, diese oberflächlichen Kretins, deren Wahrnehmung
sich nur auf lächerliche Äußerlichkeiten beschränkte.
Alles und jeden hätte ich spielen können.
Sicherlich hätte ich sogar als Jungfrau Maria die Massen in helle
Verzückung versetzt. Von mir aus auch mit Schaumstoffmatten.

Ich fühlte mich erniedrigt, missbraucht und verkannt.
Und so beschloss ich, auch alle weiteren Angebote abzulehnen.
Auch Schaf, Hirtenhund und Filzlaus lehnte ich kategorisch ab.

Meine Schauspiel-Karriere sollte fortan ruhen.
Und so überredete ich meine Lehrerin, mich wenigstens dem musikalischen Teil des Krippenspiels widmen zu dürfen.
Unsere Schule verfügte über eine beachtliche Auswahl an Orff-Instrumenten. Klangstäbe, Triangeln, Tamburine und Holz-xylophone in allen Varianten und Größen. Ich liebte alles an ihnen: Ihren Klang, ihre Form, ja, sogar den Geruch.
Diesen sinnlichen Reizen gab ich mich ganz und gar hin und inszenierte meine eigene „Carmina Burana".
Und zwar als eine Art experimentelle Indie-Punk-Rock-Oper!
Konkreter: Ich drosch wie ein Berserker auf Klangstäbe und Triangeln ein und brüllte: „Ohh Fortuna!!"

Noch immer war ich ein Wieselhering.
Empfand mich aber als extrem frühreif!
Ich wollte endlich ein erwachsener Wolpertinger sein.
Und so stand ich, in Bärenfell gehüllt,
mit Hirschgeweih auf dem Kopf und Hasenzähnen im Mund
– um nur die auffälligsten Details zu nennen – kurz vor Weihnachten, in der Kirche von Sankt Bonifaz, vor dem Altar.

Das Krippenspiel trat dabei gänzlich in den Hintergrund,
denn auch hier legte ich einmal mehr großen Wert darauf,
dass am Ende die gesamte Bühnenausstattung zu Boden ging.
Alles, was am Ende noch stand,
waren ich und die alte Mesnerin, die im Zeitraffer den Rosenkranz betete und sich fortwährend bekreuzigte.
Mit großer Geste verneigte ich mich, und ich wusste:
der Grundstein für meine weitere Karriere ist gelegt.

Verklärte Kindheit 3

Nikolaus damals

Es gibt aber auch Unangenehmes, das ich mit meiner kindlichen
Weihnacht verbinde. Es ist geradezu ein Horror, der sich in der
Erinnerung ähnlich aufgeblasen hat, wie alles Schöne.
Dabei denke ich ganz speziell an den 6. Dezember.
Besser gesagt, an den Vorabend zum 6. Dezember.
Der Nikolaus war der Regent meiner Albträume.
Als Kind war ich übrigens davon überzeugt,
dass es Alpträume heißt, mit „p“, und nicht Albträume.
Meine Albträume fanden nämlich fast immer in den Bergen statt.
Deshalb folgerte ich ganz logisch: meine schlimmen Träume
finden in den Alpen statt und darum heißen die Alpträume.
Und der Nikolaus spielte darin die Hauptrolle.
Er stand an steilen Hängen, in felsigen Höhen,
gierig darauf wartend, mich in die Schluchten zu stoßen
mit seinem Bischofsstab, mit bösen Gedichten und
einem schauderhaften, bebenden Gelächter.
Meine Eltern wussten das und ich möchte ihnen unterstellen:
Sie hatten großen Spaß daran.

Oh Mann, der Nikolaus! Da sind die völlig ausgeflippt.
Über das gesamte Jahr wurden selbst meine geringsten Vergehen
mit dem immer gleichen Spruch kommentiert:
„Huhh, wenn das der Nikolaus hört.
Dem seine Engelein schreiben sich alles auf. Huhh!“
Ich konnte noch so brav sein. Sie fanden immer etwas,
was sich irgendein Engelein irgendwo notieren könnte.
Tapfer wehrte ich mich gegen jeden Ausflug in die Alpen,

nur, um wenigstens meiner Phantasie keine weitere Nahrung für nächtliche Gruselgeschichten zu liefern. Ich war machtlos.
Was auch immer ich anstellte … „huh, wenn das der Nikolaus hört …“. Kaum war der Osterhase durch die Tür:
„Huh, aber in einem halben Jahr, da kommt einer,
der hat einen Sack statt Eier.“ Jawohl, das ist unterste Schiene!

Aber damals bin ich auf so niveaulose Gags hereingefallen.
Was sollte ich tun?! Ich war Kind! Ich hatte einen Heidenrespekt vor dem Nikolaus. Ich war der festen Überzeugung:
Wenn der Nikolaus kommt, dann wird er erst einmal die Tür eintreten, breitbeinig wie ein Cowboy durch das Wohnzimmer trampeln und mit seinen Sporen den Parkettboden zerkratzen.
Dann wird er sich vor mir aufbauen, einmal lässig zur Seite spucken, seine Augen zu messerscharfen Schlitzen formen und sagen:
„Draußd vom Walde komm ich her!
Schau mal, was ich da Schönes gefunden hab!“
Und damit würde er eine Kettensäge hinter dem Rücken hervorholen und die Wohnzimmereinrichtung zerlegen.
Ich war mir sicher. So entstand das berühmte Weihnachtslied:
„Alle Jahre wieder, kommt der Nikolaus,
kehrt mit seinen Sägen, ein in jedes Haus.“

In den Wochen vor dem Nikolausabend stand für mich fest:
„Ich biete diesem Monster keinerlei Angriffsfläche!
Nichts soll er mir vorwerfen können!“
Ich habe mein Zimmer aufgeräumt, Heiligenbilder aufgehängt und meinen Goldhamster getauft.
Dabei ist er jämmerlich ersoffen, aber er starb als Christ.

Und dann kam er. Der Nikolaus.
Im Wohnzimmer stand er, neben der Couch – mit schwersten Erfrierungen – in seinem Fiat 500 gab es damals noch keine Heizung.

So stand er da, mit seiner Hornbrille, … was heißt Hornbrille?
Das waren eigentlich eher so Glas-Aschenbecher, die er auf der Nase trug. Seine Mitra stand waagrecht von seinem Hinterkopf ab. Er hatte zuvor die Höhe unserer Haustür fatal unterschätzt.

So stand er vor mir und mit tiefer, warmer Bassstimme sprach er hinter seinem Glaswollbart, … ich vermutete, der Bart müsse aus Glaswolle sein, denn er war gelb.
Es hätte aber auch am Rauchen liegen können … oder am Sabbern.

Er hat ja wirklich sehr gesabbert … was hat der Mann gesabbert!
Das war dem Umstand geschuldet,
dass ihm öfter mal ein langes Barthaar in die Kehle wanderte,
wenn er zwischen den Sätzen tief Luft holte.

Wie soll ich sagen? Es war widerlich.
Wie er, laut hustend, unseren Wohnzimmerboden verunstaltete.
Dabei gab er eine ätzende Substanz von sich,
die sich durch den Parkettboden fraß, den Estrich, den Beton …
letztlich konnte man durch ein Loch in den Keller schauen.

Und meine Eltern waren begeistert:
„Huhh, der Nikolaus. Wenn das der Nikolaus hört. Huhh.
In einem riesigen Rentierschlitten wird er kommen!“ Lächerlich!!
Mein Vater war jedes Mal über zwei Stunden damit beschäftigt,
in der Garage die Fremdstarter-Kabel zu suchen,
damit der verdammte Fiat 500 wieder anspringt!

Und das schlimmste daran: meine Angst wurde dadurch nicht weniger. Anstatt jeglichen Respekt vor dem Nikolaus zu verlieren,
spielte mir meine kindliche Phantasie einen Streich
und machte die Sache nur noch heftiger.

Bei jedem: „Huhh, der Nikolaus …“ bildete ich mir ein, unsern Parkettboden laut aufstöhnen zu hören.
Ich sah, wie er sich von selbst aufrollte, sich in Folie und Kartonagen verpackte und sich schließlich in einen sicheren Baumarkt verschickte.

Glas-Aschenbecher lösten bei mir Panikattacken aus.
Wie dankbar wäre ich damals für jedes Rauchverbort gewesen!
Zigarettenstummel in Aschenbechern verwandelten sich vor meinem geistigen Auge immer nur in seine gelbgräulichen Augen, die da dampften und nach schlechtem Tabak stanken.

Dieses schreckliche Trauma zog sich bis in mein 17. Lebensjahr.
Da wurde mir endlich klar, dass ich meine Seelenqual nur beenden konnte, indem ich selbst in die Nikolaus-Rolle schlüpfte.
Der Zufall kam mir zu Hilfe.
Der Jugendleiter des Fußballvereins erinnerte sich an meine glanzvollen Auftritte im Kindergarten in Biene Maja und beim Krippenspiel und so fragte er mich, ob ich denn nicht Lust hätte, mal wieder Schaumstoffmatten um mich zu wickeln und mir ein Kostüm anzulegen. Ich nahm die Gelegenheit wahr.

Einen neuen, einen besseren Charakter wollte ich diesem Monster geben und ein neues Gesicht.
Ich machte es mir zum Ziel, der wahren Bestimmung des Nikolaus zu folgen: aus bösen Kindern brave machen.
Gütig zu den Armen, gerecht zu den Ungerechten.
Ein Rächer der Witwen und Waisen. Ich wollte keine Witzfigur abgeben. Eine imposante Erscheinung wollte ich sein, die auf den ersten Blick, Respekt und Frömmigkeit hervorruft.
Lob und Tadel sollten nachvollziehbar und gerecht verteilt sein, und wo auch immer ich auftauchte, sollte die Inneneinrichtung

unbeschadet bleiben. Vielleicht würde ich sie zu Boden reißen, aber keinesfalls würde ich sie zerlegen.

Ich war 17 Jahre alt und bereit.
Bei der Weihnachtsfeier der Jugendmannschaften unseres Fußballvereins sollte es dann so weit sein.
Insgesamt sechs Jugendmannschaften, mit einem durchschnittlichen Kader von 14 Buben, sowie die jeweiligen Trainer und betreuende Eltern waren anwesend.
Im Festsaal des Schnapperwirts zu Strunzenöd.

Die Trainer hatten Gedichte für jeden einzelnen Spieler verfasst und ich war hoch motiviert, diese Werke in angemessener Form vorzutragen.
84 Gedichte. Wobei man unbedingt anmerken muss:
die lyrische Ader der meisten Trainer war doch nur sehr rudimentär oder gar nicht entwickelt.
Beim Proben der Texte fand ich so fatale Vierzeiler vor, wie:

> *„Der Markus haut so manchen Ball daneben,*
> *so ist nun mal das Leben.*
> *Sonst ist er bei jedem Training dabei*
> *Und schießt den Ball auch mal ins Tor hinei.“*

Oder:

> *„Der Christian hat zwei linke Haxen*
> *Dafür hat er ein großes Maul.*
> *Das gleicht es aber auch nicht aus,*
> *denn so gewinnt man kein Spiel.“*

Selbst durch entsprechende Betonung und überzogenem Pathos konnte man diesen Texten keinerlei Intensität entlocken oder sogar einen Reim.

Also begann ich, die Werke zu bearbeiten und sie in eine ansprechendere Form zu gießen. Ergreifend sollten sie sein. Die tiefste Seele am Schopfe packend.
Meine Gedichte sollten später in einem Buch erscheinen und als Lehrstück für alle Fußballweihnachtsfeiernikoläuse gelten.

Und so stand ich mit 17 Jahren, als Nikolaus, beim Schnapperwirt neben der Schankanlage vor einer minderjährigen Meute in Trainingsjacken und sprach:

„Da du, oh Weihnacht, dich wieder einmal nahst,
und fragst, wie sich der TSV befinde
und du den Nikolaus doch gerne sahst,
so siehst du ihn jetzt unter dem Gesinde.
Verzeih, ich will nicht hohe Worte machen,
und wenn mich auch der ganze Verein verhöhnt.
Mein Pathos brächte dich gewiss zum Lachen,
hättst du dir nicht das Lachen abgewöhnt …“

Niemand erkannte den Goethe in meiner Lyrik
oder gar einen Mephisto im Nikolaus.
Den halben „Faust“ hatte ich umgeschrieben,
auf die Jugendabteilung des TSV Strunzenöd.
Ich blieb aber in meiner Rolle und kämpfte tapfer an,
gegen immer unruhiger werdende Kinder und einen Wirt,
der meinen Gretchen-Monolog polternd unterbrach,
mit dem Ausruf: „Altinger, jetz schick Di!
Um Sechse kommt die nächste Gesellschaft!“

Einige Trainer waren genervt von dem aufkeimenden Chaos und brachten deshalb ihr pädagogisches Geschick ins Spiel, indem sie ebenfalls herumbrüllten.
Man könnte sagen: Ihr pädagogisches Geschick war geradezu deckungsgleich mit ihrer lyrischen Ader.

Ständig wurden die Nachnamen der Kinder gebrüllt,
immer in Verbindung mit einem Urlaut: „Hää! Hintermeier!“
oder „Duu! Oberbauer!“ gipfelnd in Flüche, wie: „Zefix, Leitner!“
und sehr vereinzelte vollständige Sätze, wie:
„Rudorfer, reiß Dich zam, sonst gibt's ein Ohrwaschlrennerts!“
(„Ohrwaschlrennerts“ war damals eine beliebte und
allseits anerkannte Foltermethode. Dabei legte man beide
Handinnenflächen an den Ohren des Kindes an und rubbelte sie
schnell hin und her. Klingt spaßig, war es aber ganz und gar nicht.)

Die Kinder bekamen Spezi zu trinken, so viel sie wollten,
und dazu Pommes ohne Ende mit Ketchup und Majo.
Den Kindern wurde eine Masse an Zucker, Fett
und anderen Giften untergejubelt, die heute ganze Horden von
elterlichen Ernährungsfanatikern zu Protestmärschen und
Lichterketten animieren würde.

Der klassische Spezi-Rausch ist nicht zu unterschätzen und
unterscheidet sich vom Alkoholrausch nur dadurch,
dass er immer zu einem enormen Bewegungsdrang und
ungezügelter Albernheit führt.

Ich erinnere mich, dass ich als kleiner Bub vor dem Beichten vor
lauter Angst und Nervosität zwei Spezi innerhalb kürzester Zeit in
mich schüttete und anschließend im Beichtstuhl jegliche Kontrolle
über meine Gliedmaßen verlor. Meine Füße stampften und meine
Arme schlugen aus. Dabei musste ich nach jeder gebeichteten
Sünde laut kichern. Es muss sich angehört haben,
als wäre der Leibhaftige persönlich zum Beichten gekommen.
Der Pfarrer wollte mir 20 „Vater unser“, 30 „Ave Maria“ und
fünfmal den „Rosenkranz“ aufbrummen.
Da hatte ich aber den Beichtstuhl schon verlassen, weil ich
unbedingt meinem Harndrang nachkommen musste.

Meine Mutter versteht bis heute nicht, weshalb der Pfarrer wenige Tage später mit einem Exorzisten vor unserer Haustür stand.

Aber zurück zur Weihnachtsfeier der Fußballjugend
des TSV Strunzenöd.
Der Nikolaus blieb tapfer. Man hörte ihn nicht mehr.
Man hörte nur ein paar unangenehme Rückkopplungen vom Mikrofon. Die Lyrik von faustschem Ausmaß bog in die letzte Kurve und er blieb wild entschlossen, bis zum Finale durchzuhalten. Denn dafür hatte er sich diverse Orff-Instrumente aus der Grundschule geliehen.
Als er schließlich seine berühmte „Carmina Burana" zum Besten gab, hatte er die allgemeine Aufmerksamkeit wieder ganz auf seiner Seite.

Zugegeben, der Schlussapplaus hielt sich in Grenzen.
Aber mein Auftritt fand Einzug in das kollektive Gedächtnis des TSV und dort sollte er für immer bleiben.
Und das Wichtigste: Ich war von meinem Nikolaus-Trauma geheilt, indem ich anderen ein Trauma bescherte.
Das ist nicht gerecht, aber ich konnte lange Zeit sehr gut
damit leben.

Verklärte Kindheit 4

Weihnachten auf dem Klo

Kaum hatte ich den Nikolaustag überstanden,
da baute mein Vater die nächste Drohkulisse auf.
Nach jedem Kleinstvergehen meinerseits
hatte er einen neuen Standardspruch parat,
mit dem er mir ankündigte, das Christkind käme in diesem Jahr
für die ganze Familie ins Wohnzimmer. Nur für mich nicht.
Für mich käme es auf dem Klo. Wobei er nicht das Wort „Klo“
verwendete, sondern andere, höchst unflätige Begriffe,
die ich an dieser Stelle nicht wiederholen möchte.

Eine schreckliche Vorstellung. Natürlich hatte ich damals immer
das Klo in meinem Elternhaus vor Augen.
In modernen Häusern sind die Toiletten heute oft erstaunlich
großräumig angelegt. Es sind Wellness-Oasen und man schämt
sich beinah, seine Notdurft zu verrichten, zwischen
Kristallapplikationen und der angedeuteten Tannenallee
von der Kloschüssel zum Waschbecken.

In meinem Elternhaus ist das Klo allerhöchstens für eine Person
von mittlerer Größe geeignet.
Als Mensch von über 1,80 m stößt man im Sitzen mit den Knien
schon beinah an die Tür, und das Waschbecken ist so angebracht,
dass man gar nicht erst aufstehen müsste,
um sich die Hände zu waschen.

In den 70er Jahren musste das Klo eng sein.
Heute betrete ich oft Toiletten,
in die hätte man damals eine Couch gestellt,

einen Gummibaum und einen Opel Kadett.
In meinem Elternhaus wird die Lage noch zusätzlich verengt
durch ein viel zu großes Apothekerkästchen,
in dem sich schon damals ein Wust von Pflastern, Bandagen,
Beinprothesen und heilenden Wundermitteln angesammelt hatte.
Wobei einige Mittelchen ihr Ablaufdatum schon damals weit
überschritten hatten.
Und alles ist noch da. Bis zum heutigen Tage.
Nichts wurde da weggeschmissen. Ich glaube, es ist sogar noch
Fußpilzsalbe für Säbelzahntiger zu finden.
Es würde mich jedenfalls nicht überraschen.

Was ich aber an diesem Klo mag:
Es ist im freundlichen Rosa gefliest und es hat ein Fenster.
Es ist erstaunlich schnell gelüftet. Man könnte also sagen:
Olfaktorisch und optisch ist dieses Scheißhaus eine Perle,
aber es lädt keinesfalls zum Verweilen ein.

Hier also sollte ich meinen Weihnachtsabend verbringen,
wenn ich mich zuvor nicht anständig benähme.
Nach besonders schlimmen Vergehen oder diversen Auftritten als
kindlicher Alleinunterhalter im Wolpertingerkostüm
hatte ich mir im Kopf schon mein Weihnachtsklo eingerichtet.

Auf dem Spülkasten würde ich einen kleinen Christbaum
platzieren. Aber so, dass der Spülknopf frei blieb.
Ich würde Bienenwachskerzen an den Ästen anbringen,
nicht zuletzt, weil ihr Duft alle übrigen Gerüche überdecken würde.
Außerdem wäre das sehr praktisch, falls der Baum in Brand geriete.
Man müsste ihn nur vom Spülkasten in die Schüssel schubsen und
herunterspülen. Die Krippe würde ich unter den Spülkasten stellen
und Hirten und Schafe am Fenstersims drapieren. Die drei Könige,
samt Kamel, hätte ich im Apothekerkästchen warten lassen.

Sie hätten dem Kind allerdings nicht Gold, Myrrhe und Weihrauch gebracht, sondern Jod, Mullbinden und Fußpilzsalbe.

Meine Mutter würde ich bitten, dem Christkind zu sagen,
dass es mir die neue selbstgestrickte Schiunterwäsche neben das Waschbecken bzw. vor die Kloschüssel legen soll.
Für den Fall, dass es noch weitere Geschenke geben sollte,
hätte ich Schnüre an der Zimmerdecke befestigt.
Man könnte sie an Haken hängen und dazu vielleicht auch ein paar Würstchen, Kartoffelsalat, Getränkeflaschen und das eine oder andere Plätzchen. So war der ganze Raum bestmöglich genutzt.
Für die musikalische Untermalung würde ein Kassettenrecorder sorgen, den ich mir zuvor auf den Rücken schnallte.
Damit war an alles gedacht.

Im feinsten Festtagsgewand würde ich also mein Klo betreten
und mir bliebe nur noch ein letztes Problem:
„Wohin mit mir?“
Die einzige Möglichkeit:
Klodeckel hoch, mit den Füßen auf die Klobrille gestellt,
in die Hocke gehen, den Kassettenrecorder eingeschalten
und Peter Alexander würde für mich schmettern …
pardon, trällern: „Stille Nacht …“

Tiefes Selbstmitleid und eine große Wut überkamen mich
bei dem Gedanken an mein nahendes Leid.
In der Hocke auf der Kloschüssel. Spätestens nach einer Minute
würden meine Oberschenkel sauer werden.
Ich hatte mich regelrecht vor Augen,
wie ich mich krampfhaft an herabhängenden Würstchen und Kartoffelsalat festhalte, um meine Beinmuskulatur zu entlasten.
Was für eine fürchterliche Gemeinheit.
Wie kann man ein Kind nur so hart bestrafen?

Das ist keine Weihnacht! Das ist Inquisition!
Das schreit nach Rache!
Sofort schmiedete ich einen Plan.

Den ganzen Abend sollte meine Familie an mich denken.
Ich würde nämlich das Klo von innen abschließen.
Es wäre für den gesamten Abend für niemanden zugänglich.
Keiner sollte mich bei meiner ganz privaten Weihnachtsfeier stören. Nichts da mit: „Geh mal kurz vor die Tür. Ich muss mal. Danach darfst du gerne wieder auf der Schüssel in die Abfahrtshocke gehen."

Nichts da. Das Klo bleibt zu. Und ich drin.
Die andern sollten mit hochroten Köpfen und dicken Hälsen am Festtagstisch sitzen. Die Pobacken verkrampft und die Beine übereinandergeschlagen. Sicher, sie könnten auf die Kloschüssel im Badezimmer ausweichen.
Aber das würde ich zuvor gnadenlos verstopfen.
Und zwar mit der Mathearbeit und der Schaumstoffmatte, die mir diese Situation zuvor eingebrockt hatten.
Es würde ihnen nur der Garten bleiben.
Mit Eispickel und Spaten müssten sie erst tiefe Gruben in den hart gefrorenen Boden schlagen und ich würde ihnen dabei durch mein Klofenster zusehen.
Irgendwann würden sie an meiner Tür kratzen und wimmern und betteln. „Lieber Bub, vergib uns und gewähre uns Erleichterung! Wir haben einen großen Fehler gemacht.
Was immer du auch wünschest, es sei uns Befehl."

Und so würde ich eine Liste mit meinen Forderungen unter dem Türspalt hindurchschieben. Darauf wäre dann zu lesen, dass sie alle kratzige Schiunterwäsche anziehen, den Rest des Abends in

der Abfahrtshocke verbringen und dabei mit Peter Alexander singen müssten.
Erst wenn mir die Erfüllung aller Bedingungen zugesichert sein sollte, würde ich vor die Tür treten, meine Hände auf die Schultern meiner Familienmitglieder legen und ihnen großmütig verzeihen.

So stellte ich mir das vor.
Und ich tat alles, was meinen Vater dazu bewegen könnte, seine schreckliche Drohung wahr zu machen.

Verklärte Kindheit 5

Analoge Geschenke

Die Weihnachtsgeschenke meiner Kindheit waren quasi ausschließlich aus Kunststoff. Ich habe sofort diesen Plastikgeruch in der Nase, wenn ich an die frisch ausgepackten Geschenke von damals denke: Ein Lenkbob, ein Parkhaus für Matchboxautos, Playmobilpiratenschiff, Carrera-Bahn, riesige Kunststoffkuscheltiere … alles synthetisch und nach heutigen Gesundheitsrichtlinien hoch karzinogen und tausendmal verboten. Vergiss den Duft von Tannennadeln und Bienenwachskerzen. Nach der Bescherung hat meine Mutter sämtliche Türen und Fenster geöffnet und rannte mit einer Pfanne, in der sie unzählige „Wiener Schnitzel“ frittierte, durch das Haus, um diesen Gestank nach Plastikfabrik zu neutralisieren.

Hätte man damals die heute gültigen Richtlinien für Spielsachen angewendet, dann hätte ich von meinem ersten bis zum sechzehnten Lebensjahr nicht mehr bekommen als nur eine einzige Holzeisenbahn. Alles andere hätte man als Problemmüll auf den Wertstoffhof gebracht und das Christkind hätte sich eine Anzeige nach der anderen eingehandelt.

Aber ich kannte nichts anderes und ich war begeistert.
Beinah täglich beschäftigte ich mich mit meinen neuen Spielsachen.
Täglich, teilweise sogar bis über Silvester hinaus.
Spätestens ab Dreikönig blieb das Zeug unberührt, bis es ein paar Jahre später, in Umzugskartons, in den Keller wanderte.
Zwischendurch wurde es für diverse Flohmärkte hervorgekramt.
Es wurde aber niemals verkauft, sondern sorgte bestenfalls für kurze Nostalgieanfälle bei der Kundschaft.

In der Regel erntete man aber nur Kommentare, wie: „Och Gott, das Geraffel wollt ich auch schon lang wegschmeißen."

Weihnachtsgeschenke waren für mich nur zur Weihnachtszeit interessant. Da gehörten sie auch hin und dafür wurden sie von den vielen Helfern des Christkinds im Himmel mit Andacht und Hingabe gefertigt. Nach spätestens zwei Wochen musste das Zeug weg, denn es ist ja so, dass Kunststoff in gut beheizten Räumen, nicht nur schlimm riecht, sondern auch Kopfschmerzen auslöst und Brechreiz. So war das auch bei mir.
Und so ging ich nach Dreikönig unaufgefordert und freiwillig an die frische Luft, um dort Schneeburgen zu bauen oder beeindruckende Schisprungschanzen. Oder ich vermöbelte einfach meinen Bruder. Oder er mich. Alles diente einem gesunden Energieabbau, der mich nachts gut schlafen und selig träumen ließ.

A propos Vermöbeln. Mein Bruder bekam einmal ein Geschenk, mit dem ich absolut nichts anfangen konnte. Es war das größte, giftigste und zugleich billigste Plastikgeschenk, das in unserer Kindheit jemals einen Platz unter dem Christbaum fand.
Mein Bruder war vom ersten Moment an in ekstatischste Verzückung versetzt. Eine Domino-Rallye.
Berühmt wurde das Zeug durch die Sendung „Wetten, dass ..!"
Jemand hatte dort viele bunte Dominosteinchen hintereinander aufgestellt und dann umgeschmissen. Toll!

Mein Bruder und mein Cousin wollten auch zu „Wetten dass ..!"
Und deshalb haben sie ganze Tage und Nächte damit zugebracht, unser Haus mit diesen Plastiksteinchen zu verbauen.
Beide sind heute noch Filigrantechniker und verdienen damit ihr Geld. Ich war schon damals kein Filigrantechniker und auch heute gilt für mich: Für alles, was Technik und handwerkliches Geschick erfordert, habe ich eine Frau. Ich bin höchstens für Ferndiagnosen

zu gebrauchen. Ja, und die Spülmaschine ein- und ausräumen, das kann ich auch ziemlich gut.

Aber Dominosteine erst tagelang hintereinander aufstellen, nur, damit man am Ende alles wieder umschmeisst …?
Und sich drüber freuen, wenn nichts stehengeblieben ist …?
Der Sinn dieser Handlung bleibt mir bis heute verschlossen.
Ich stand daneben und schaute den beiden Baumeistern zu.
Es glich fast schon einer meditativen Arbeit,
einem nahezu religiösen Akt, einer Art Gottesdienst.
Die Pyramiden wurden angeblich mit ähnlicher Andacht und Gottesfurcht erbaut. Nur so lässt sich ihre architektonische Perfektion erklären. Die Pyramiden wurden aber niemals von ihren Erbauern wieder umgeschmissen. Und gejubelt hätte dabei überhaupt niemand. Höchstens Feinde oder Grabräuber.

Die umstürzenden Dominosteine hingegen lösten einen allgemeinen Sturm der Begeisterung in der Familie aus.
Eltern, Tanten und Onkel durften dem großen Schauspiel beiwohnen und waren jedes Mal hin und weg. „Mensch, schon wieder alles umgefallen! Sensationell!“ Sie klatschten und lobten.
Bruder und Cousin umarmten sich und hüpften vor Freude über ihr gelungenes Werk. Ich war nicht neidisch, aber ich hasste ihren Ruhm. Ich wollte auch was von ihren Lorbeeren.
Wenigstens ein paar Lorbeerchen.
Ein Lorgummibeerchen hätte es auch schon getan.

Ich hatte aber keine Lust, blöde Steinchen hintereinander aufzustellen und so bot ich an, ein kulturelles Rahmenprogramm zu gestalten. Anfeuerungsgesänge für die Steinchen, untermalt mit Orff-Instrumenten. Ich wollte etwas Anspruch in die Sache bringen und Rock ’n’ Roll. Jawohl, Rock ’n’ Roll mit Klangstäben und Holzxylophonen, ich konnte das damals.

Ich war schon dabei, mein Bühnenkostüm anzulegen.
Aber gerade, als ich mir mein Hirschgeweih aufsetzen wollte,
da erinnerte mich meine Mutter daran, dass meine Auftritte
als rockender Wolpertinger doch allzu oft eine ungewollte
Prominenz für die gesamte Familie nach sich zogen.
Sie bat mich, doch zu warten bis ich erwachsen sei
und auf eigenen Füßen stehen würde.
Dann könne ich mich voll und ganz meiner Bestimmung hingeben.

Das kränkte mich, aber ich wurde nicht müde, einen Weg zu finden,
mich dennoch in das Steinchen-Spektakel einzubringen.
So wechselte ich das Kostüm und wählte ein buntes, aufreizendes
Cheerleader-Outfit, überlegte mir eine raffinierte Choreografie,
schleuderte zwei Puschel durch die Luft und brüllte zur Melodie
von YMCA: „Steinchen fall um! Oh bitte bleib nicht stehn! Steinchen fall um!“ Ich blieb erfolglos.
Mein Vater meinte nur:
„Zieh bitte diesen peinlichen Aerobic-Fummel aus. Es reicht schon,
dass deine Mutter jeden Mittwoch damit zum Turnen geht.“

Ich war verzweifelt. Was ich auch tat, einzig und allein die blöden
Plastiksteinchen sollten im Vordergrund der Aufführung stehen.
So unterwarf ich mich den Umständen und begann,
ebenfalls ein Steinchen vor das nächste Steinchen zu platzieren.
Es gelang mir aber nur selten, mehr als 100 Steine hintereinander
aufzustellen, ohne dabei versehentlich an ein Steinchen zu stoßen,
das umgehend eine verfrühte Kettenreaktion auslöste.

Das trieb meinen Bruder zur Weißglut und das gefiel mir.
Ich gebe zu: manchmal passierte mir mein Missgeschick nicht
wirklich versehentlich. Mein Bruder war mir einfach nur zu gut
gelaunt oder zu wichtig.
Gerade, wenn das Werk kurz vor seiner Vollendung stand.

Wie er zu schwitzen begann und wie er mich ständig zu besonderer Vorsicht ermahnte, da wusste ich:
jetzt ist die Zeit,
jetzt ist die Stunde …

Domino-Steine. Da soll noch einer sagen, die moderne digitale Welt würde die Kinder aggressiv machen und sie zu egomanen Einzelkämpfern erziehen. Was wir damals zu Weihnachten bekamen, machte uns mindestens so aggressiv und asozial, wie jedes Computer-Ballerspiel der Neuzeit.
Man macht sich heute Sorgen um die Strahlung und den Elektrosmog, dem die Kinder ausgesetzt sind. Wir waren schlimmen Dämpfen, scharfen Kanten und unseren Geschwistern ausgeliefert.

Wir haben in unserer Kindheit übrigens sehr viel und ausführlich geschlägert, mein Bruder und ich.
Auslöser mussten nicht unbedingt Domino-Steine sein.
Auch diverse Matches am Flipperkasten und an der Tischtennisplatte fanden ihren immer gleichen Showdown.

Mein Bruder war nämlich nicht nur in vielen Dingen besser als ich.
Nein, er war in allen Dingen besser als ich.
Im Tischtennis, im Fußball, in Leichtathletik etc. überhaupt, in der Schule und bei den Mädels sowieso.
Er war beliebter, sportlicher und schlauer.
Einfach ehrgeiziger als ich.
Und warum? Wegen mir! Und zwar ausschließlich wegen mir!
Es lag an meiner bloßen Existenz und dem Genuss, einen zweieinhalb Jahre Älteren in seine Schranken zu weisen.
Es war nicht das Lob der Eltern, das gute Zeugnis, die lechzende Weiberherde. Nein, es war allein meine frustrierte Visage, die ihn befriedigte und antrieb. Ich weiß, er würde mir sicher nicht widersprechen. Und das macht's noch schlimmer.

Abschlusserklärung zur verklärten Kindheit

Damit hätte ich alle Hintergrundinformationen geliefert,
die man kennen sollte, wenn man mit mir über Weihnachten spricht.
Eventuelle Lücken werden im Laufe der kommenden Seiten noch
aufgefüllt. Aber die Basis ist in jedem Fall gelegt
und ich schwöre noch einmal: Alles ist wahr!

Genauso wahr wie meine stärkste Kindheits-Erinnerung an die
Osterzeit. An Ostern hat sich nämlich mein Vater ein Hasenkostüm
angezogen, ist damit durch den Garten gehoppelt und hat überall
die Nester versteckt.
Jedenfalls habe ich das meiner Kindergärtnerin so erzählt.
Ich muss so überzeugend gewesen sein,
dass sie ernsthaft meine Eltern fragte,
woher mein Papa denn dieses Kostüm hätte,
sie fände das nämlich total süß …
Mein Papa war tatsächlich so geistesgegenwärtig,
dass er der Kindergärtnerin eine Adresse eines Münchner
Kostümverleihs zukommen ließ. Ab diesem Zeitpunkt musste der
Ehemann der Kindergärtnerin an Ostern alljährlich im
Hasenkostüm durch den Garten hüpfen und Nester verstecken.
Das tat er nur für die Kindergärtnerin, nicht für ihre Kinder.
Denn die mussten ja die Nester hinterher suchen. Wäre ja dumm,
wenn sie dem Osterhasen bei seiner Arbeit zugesehen hätten.

Freitag, 6. Dezember

Nikolaus heute

Jetzt bin ich also selbst der Vater und habe damit eine völlig neue Perspektive zum Weihnachtsfest eingenommen.
Vieles aus meiner Kindheit versuche ich mir zu erhalten und meine eigene Brut damit zu bereichern.
Aber noch viel mehr versuche ich, alles Negative aus meiner Vergangenheit in der Gegenwart besser zu machen oder zumindest in ein positives Licht zu rücken.
Mein erster pädagogischer Leitsatz lautet: „Meine Kinder sollen sich nicht so sehr fürchten müssen wie ich, aber so ein kleiner Schreck für Zwischendurch, erleichtert mir die Erziehung".
Und so beginnen wir die „staade Zeit" der Gegenwart noch einmal mit dem größten Trauma meiner Kindheit, dem Nikolaus.

Für meine Söhne sollte er ein netter Zeitgenosse sein.
Gütig, kinderlieb und belesen.
Und vor allem … gut gekleidet und nüchtern.
Der hiesige Fußballverein bot mir an, mir einen Nikolaus zu schicken, sogar kostenlos, mit der Begründung:
„Du hast da noch was gut bei uns."

Mein Auftritt, vor vielen Jahren bei der Weihnachtsfeier der Jugendabteilung, blieb noch immer unvergessen.
Im Vereinsheim hing lange Zeit, neben Wimpeln, Zinntellern und Bildern von verschiedenen Meisterschaften, auch eine Fotostrecke, die damit beginnt, dass ein dürrer, jugendlich wirkender Nikolaus versucht, sich den sehr aufgebrachten, dicken Schnapperwirt vom Hals zu halten, der ihm unbedingt den weißen Bart vom Gesicht reißen will.

Auf dem letzten Bild sieht man, wie sich der Schnapperwirt den Nikolaus über seine rechte Schulter gelegt hat
und ihn zum Ausgang trägt, gefolgt von einer Schar
jubelnder kleiner Buben in Trainingsanzügen.

Zugegeben, ich hätte gern erfahren, wen mir der Fußballverein für meine Kinder vorbeischicken wollte. Meine Frau hielt es aber dann doch für die weitaus bessere Variante, einen Nikolaus anzuheuern, der direkt von der katholischen Landjugend geschickt wurde.
Das kostete zwar ein paar Euro, aber das Geld ist für eine gute Sache und man könne doch davon ausgehen,
dass eine seriöse Person unser Wohnzimmer betreten würde.

Dann kam er. Der Nikolaus.
Hinter dem Kostüm verbarg sich ein kleiner, braver
junger Mann, der spürbar aufgeregter war als meine Kinder.
Es half auch nichts, dass er zur Unterstützung einen Krampus dabei hatte. Der war nämlich noch viel nervöser.
Ich glaube, er hatte sogar Angst vor seinem eigenen Kostüm.
Als er im Flur am Spiegel vorbeigehen musste,
stieß er einen entsetzten Schrei aus.

In vielen und langen Nächten hatte ich für meine Buben Gedichte gezimmert. Ohne irgendwelche Anleihen bei großen deutschen Dichtern. Diesmal sollte alles von mir sein. Ich hatte mir zum Ziel gesetzt, ansprechende Lyrik zu schaffen, die aber auch für einen Kinderkopf gut verständlich und einprägend sein soll.
Des Öfteren trug ich diverse Kostproben meiner Frau vor.
Spät nachts weckte ich sie aus ihrem Tiefschlaf
und erntete dafür das ein oder andere aggressive Grunzgeräusch.

Aber mir war klar: wenn ich sie jetzt dennoch beeindrucke, dann ist mir wirklich ein großer Wurf gelungen. Und sie war beeindruckt.

Oder vielleicht erkannte sie einfach nur, dass darin ihre einzige Chance bestand, möglichst bald wieder einschlafen zu dürfen.
Egal. Ich war stolz auf mich und sie gönnte mir das.
Lange Gedichte waren das, sehr lange.
Der junge Mann von der katholischen Landjugend war für eine halbe Stunde gebucht und diese Zeit sollte auch voll und ganz ausgefüllt sein.

Zuerst forderte er meine Buben auf,
gemeinsam den Bischofsstab zu halten. Die beiden freuten sich und auch der Nikolaus fühlte sich gleich ein bisschen wohler.
Zufrieden legte ich den Arm um die Schulter meiner Frau.

Und dann öffnete er sein goldenes Buch
und hatte erstmals mein Werk vor Augen.
Er schaute sich die Sache an und sagte erst mal nichts.
Er sagte sehr lange nichts.

Meine Frau schaute mich nervös an und die Kinder bekamen jetzt tatsächlich etwas Respekt und begannen sich am Bischofsstab einzukrallen. Dann sprach er:
„Aha. Soso." Dann wieder eine Pause.
Und dann: „Ja, da schau her." Gefolgt von einem:
„Uiuiuiui." Und dann endlich: „Du machst also deine Hausaufgaben nicht so gerne. Ist das richtig?"
Beide Söhne stimmten sofort ehrfürchtig zu.

Ich war entsetzt. Was liest der da? Das steht da nicht!
Sicher, ich habe etwas über Hausaufgaben geschrieben,
aber doch nicht in dieser Form. Er soll doch einfach nur vorlesen,
was ich mir da in nächtelanger Arbeit aus den Fingern gesogen habe.

Ich habe noch alles genau vor Augen.
Meine Frau schmunzelt. Der Nikolaus macht weiter:
„Und die Zähne putzen, das vergisst du manchmal auch?“
Die Buben nicken. Der Nikolaus: „Das geht aber nicht.
Das muss anders werden. Ist das klar?“

Meine Frau schielt breit grinsend in meine Richtung.
Der Nikolaus verweigert konsequent jeden Vers, jeden Reim.
Er überfliegt einfach nur den Inhalt und gibt dann seinen Senf dazu.
„Und zu viel mit dem Handy spielen. Das ist aber nicht gut!
Das muss anders werden, gell!“
Meine Frau beißt sich auf die Lippen und die ersten Tränen der
Belustigung kullern über ihre Wangen.
Der Nikolaus: „So, was haben wir da noch …?“

An dieser Stelle muss ich dazwischengehen.
Ich spreche den heiligen Mann direkt an.
„Lieber, guter Nikolaus, deine Engelein haben doch einiges
aufgeschrieben. Die haben sich so viel Mühe gemacht.
Magst du nicht vorlesen, was die da genau geschrieben haben?“
Wieder schweigt der Nikolaus.

Jetzt beginnt er zu schwitzen. Ich schlage vor:
„Oder vielleicht will der Krampus … Vielleicht will der die
Engelsgedichte aus dem goldenen Buch vortragen?“
Hinter der fürchterlich bösen Krampusmaske stammelt
eine dünne, hektische Bubenstimme:
„Wir haben ausgemacht, ich muss nichts sagen.“

Um einen Lachkrampf zu unterdrücken, hat meine Frau
mittlerweile ihr Unterkiefer fast zur Gänze über ihre
Nase geschoben. Die Tränen laufen in Strömen über ihr Gesicht
und sie beginnt, seltsam zu Grunzen.

Ich schlage vor: „Oder soll ich vielleicht für den Nikolaus…?“
Und der Nikolaus erleichtert: „Ah ja. Das wär sehr nett.
Könnte ich vielleicht in der Zwischenzeit Ihr Klo benutzen?
Wissen Sie, ich muss schon seit einer Stunde so dermaßen piseln.“
Und der Krampus: „Ich bleib aber nicht allein da.“

Ich zeige beiden den Weg zur Toilette und meine Frau fällt von der
Couch und kriecht grunzend unter den Wohnzimmertisch.
Und ich stehe vor meinen Kindern und beginne die
Nikolausgedichte vorzutragen, so wie ich mir das vorgestellt habe.
Meine Kinder zeigen aber nicht annähernd den Respekt,
den sie dem Nikolaus entgegengebracht haben.
Denn während ich lese, kriecht meine Frau wieder unter dem
Wohnzimmertisch hervor. Tränenüberströmt zieht sie sich am
Nikolausstab empor und beginnt sich zu winden
wie eine sehr amateurhafte Stangentänzerin.

Als ich die letzten Verse beende, stehen die beiden verkleideten
jungen Männer hinter mir und der Nikolaus meint erleichtert:
„Sehr gut. Das hätte fast von mir sein können.“
Dann verabschieden sich die beiden
und meine Frau kann endlich laut lachen.

Wenn ich so zurückschaue, dann kann ich mit Sicherheit sagen:
Mir war nicht nach Lachen.
Mir fehlte hier jeglicher Sinn für die weihnachtliche Sache.
Ich hatte plötzlich eine große Sehnsucht nach einem tiefen heiligen
Gefühl von zu erwartender Gnade und gottgegebener Strenge.
Ich erinnerte mich an meine frühen Jahre und die mahnenden
Worte meines Vaters: „Führ dich bittschön anständig auf, sonst
kommt das Christkindl heuer für dich auf dem Scheißhäusl!“
Dorthin begab ich mich nun in aller Andacht und begann mich
einzurichten.

Montag, 9. Dezember

Besinnliche Stunde

Geburtstage kurz vor Weihnachten sind eine Unverschämtheit.
Ich weiß nicht, welcher Gott es so eingerichtet hat,
dass fast alle meine Angehörigen von Ende November
bis unmittelbar vor Heiligabend ihren Geburtstag feiern müssen.
Aber es scheint ein ungeschriebenes Gesetz in meiner Familie zu sein, dass Nachwuchs ausschließlich im Fasching zu zeugen ist.
Genauer gesagt: vom unsinnigen Donnerstag bis Faschingsdienstag.
Am Aschermittwoch ist die Sache gefälligst erledigt!
Jede noch so popelige Polonaise hat in meiner Sippe seit jeher zu Schwangerschaften geführt.
Und es wurden auch immer nur Menschen geheiratet,
die zu ähnlichen Anlässen entstanden sind.

So bin ich gestraft mit einem Feierstress und dem ständigen Druck, ja niemanden zu vergessen. Meine Mutter bombardiert uns mehrfach am Tag über die WhatsApp-Gruppe.
„Ich will euch nicht nerven, aber denkt doch bitte an Tante Klara.
Ich komm selber leider nicht mehr dazu, dass ich ein Geschenk besorge. Könnt Ihr da was machen?
Ich beteilige mich an den Kosten und unterschreib auf der Karte.
Schon mal Danke im Voraus."

Wie froh bin ich da über jeden Moment, an dem ich zur Besinnung kommen und einmal ganz bei mir sein kann.
Dann muss auch mal ein Kerzerl angezündet werden
und dann muss auch mal alles ruhig sein.
Für eine Stunde … gemütlich hingesetzt … ganz besinnlich …
und da ist es ja schön, wenn man mal nur so dahockt

und schaut … wie gesagt, nur für 60 Minuten …
kein Handy, keine Zeitung, nichts,
was mich von mir selber ablenken könnte …
es ist wunderbar, diese Stille, nur ein Kerzenlicht.
Und dann spürt man auch plötzlich in sich
dieses Gefühl, das langsam aufkeimt, zu wachsen beginnt,
sich ausbreitet bis in die äußersten Körperregionen.
Es ist jetzt ganz deutlich, ich spüre es genau,
dieses Gefühl, das mir sagt: „Mein Gott, ist das fad.
Eine ganze Stunde? Besinnlich? Das ist ja der Wahnsinn!"

Ich stehe wieder auf, und nehme erst einmal eine Banane zu mir
und ein Mon Cherie. Anschließend noch ein Kinderschokobon,
Snickers, Kinderpingui, Knoppers, Edelschokolade aus dem
selbstgebastelten Adventskalender, die eigentlich für den nächsten
Tag vorgesehen wäre. Dann eine weitere Banane,
gefolgt von einem Mon Cherie …
ich schaue auf die Uhr und stelle fest:
die ersten fünf Minuten sind schon fast vorbei.

Dann doch das Handy einschalten, „Spiegel online"
rauf- und runtergeschubst, wenigstens ein paar Schlagzeilen lesen,
aber irgendwie auch nicht so richtig. Ich kann mich auf nichts
wirklich konzentrieren, denn ich werde dominiert von einem neu
erwachten Verlangen: So eine Banane und ein Mon Cherie,
das ist doch eine durchaus interessante Mischung, die meine
Geschmacksnerven vor spannende Herausforderungen stellt.

Nach dem Verzehr einer weiteren Banane und einem Mon Cherie
sind noch immer keine 10 Minuten vergangen,
und so kommt mir, zu meinem persönlichen Erstaunen,
die Idee, mich im Haus nützlich zu machen.
Vielleicht sogar einen Lebenstraum meiner Frau wahr zu machen:

den Keller aufräumen. D.h. nicht weniger als:
den Werkzeugkasten sortieren, Regale aufbauen,
alte Bücher und Kindersachen darin verstauen,
Spinnen und ihre Netzwerke entsorgen, die Wände streichen,
Lampen montieren, den Estrich aufklopfen und neue Böden
verlegen … sprich, einen unterirdischen Palast will ich meiner
Liebsten schaffen.

So stehe ich im Keller, inspiziere fachmännisch die Lage,
als mich erneut eine schier unbändige Lust packt.
Über Getränkekisten, Umzugskartons, Computerschachteln,
Gefriertruhen und alte Wäscheberge kämpfe ich mich zurück ins
Erdgeschoss und genieße abermals: Banane und Mon Cherie.

Überall Stille im Haus und nur ein Kerzenlicht.
Erst jetzt wird mir meine Einsamkeit bewusst.
Ich bin völlig allein, ich habe keinerlei Ansprache,
bin sozusagen von der Außenwelt isoliert.
Ich fühle mich traurig, erniedrigt und missbraucht.

Und diese Traurigkeit wird noch zusätzlich unterstrichen
durch einen ganz beachtlichen Alkoholpegel.
Mon Cherie macht besoffen! Das wusste ich nicht.
Und nun weiß ich: In meinem Fall reichen bereits 30 Stück,
da ich Alkohol ansonsten nur in äußersten Ausnahmefällen
freiwillig genieße. Denn ich sehe ihn als „des Teufels“.

Zur Trunkenheit gesellt sich aber noch ein weiterer unangenehmer
Umstand, hervorgerufen durch übermäßigen Verzehr von Bananen:
Verstopfung. Rotzbesoffen mit Verstopfung,
Weihnachten kann kommen!
Ich tue mir jetzt noch mehr leid und so tröste ich mich,
indem ich nach einem Schuldigen suche,

der mir diese missliche Lage eingebrockt haben könnte.
Und ich finde ihn: meine Frau.

Die meint wohl, sie muss überhaupt nicht mehr nach Hause
kommen! Weil sie angeblich noch so viele Besorgungen für
Weihnachten zu tätigen hat. Und zwar ganz alleine,
weil ihr lieber und treusorgender Ehemann angeblich den Hintern
nicht hochkriegt.
Und das nennt er dann auch noch: besinnliche Stunde!
Zur Strafe hat sie alle Süßigkeiten und sämtliches Obst raffiniert
vor ihm versteckt. In ihrem Kleiderschrank,
in dem sperrigen Schubfach, hinter ihren Sportsocken.

Wenigstens diesen Triumph konnte ich ihr versauen.
Doch jetzt ist die Schublade leergefressen
und ich bin einsam und gekränkt.
Wie oft sage ich ihr: „bestell doch die Geschenke im Internet
wie alle normalen Menschen. Ansonsten gibt's eben Gutscheine!
Oder ich mal was! Muss ja nicht schön sein.
Hauptsache, man hat sich was dabei gedacht."

Ich bin außer mir! Ich gebe unseren Zimmerpflanzen den Namen
meiner Frau und beginne, sie wüst zu beschimpfen.
Selten habe ich einen Fikus benjaminus dermaßen zur Schnecke
gemacht! Ich bin sicher:
Ich habe ihn für alle Zeit, hochgradig traumatisiert!!
Noch einmal schaue ich ihn scharf an
und er wirft freiwillig seine Blätter ab.

Jetzt bin ich super sauer! Ich gehe zum Äußersten!
Die Plätzchen, die meine Gattin (ich nenne sie niemals „Gattin".
Aber jetzt schon! Jetzt nenne ich sie „Gattin")
am Vortag gebacken hatte,

fotografiere ich, stelle sie auf Instagram,
unter dem Hashtag „DashabeIchgebacken!"
Das Foto wird genau 3-mal kommentiert.
Kommentar 1: „Hey, du hast ja echt gebacken! Supi!"
Kommentar 2: „Oh, vielleicht back ich heuer auch mal wieder!"
und Kommentar 3: „Du verlogener, fauler Sack!
Räum wenigstens den Keller auf!"

So bin ich wieder halbwegs mit mir und der Welt im Reinen.
Und so gehe ich daran, etwas aufzuräumen.
Nicht den Keller. Nein, im Wohnzimmer herrscht inzwischen ein Chaos, das erst einmal bewältigt werden will.
Die Bananenschalen vom Boden aufgesammelt und hinter dem Fernseher einen kleinen Komposthaufen angelegt.

Schließlich gieße ich mir ein Glas Chantré ein,
um den Gaumen von klebriger Mon-Cherie-Masse zu klären,
lehne mich zurück und verliere allmählich das Bewusstsein.
Nur noch 36 Minuten, dann ist diese besinnliche Stunde vorbei
und ich habe das sichere Gefühl, diese 36 Minuten
werde ich besinnungslos verbringen.

Bald ist Fastenzeit. Ich schätze, ich werde in die Wüste gehen,
um dort zu mir zu kommen, bei mir zu sein und Gott zu erfahren.
In weiße Leinentücher gewandet, mit Strandschlappen an den Füßen und einem Kanister mit Wasser auf den Rücken geschnallt, werde ich der gleißenden Sonne entgegengehen und jeder Versuchung des Teufels widerstehen. 40 Tage.
Ich denke, das könnte ich schaffen.

Aber vielleicht gönne ich mir zur Sicherheit auch ein paar Bananen und Mon Cherie.

Freitag, 13. Dezember

Der Horrorabend

Habe ich schon erwähnt, dass ich in der Vorweihnachtszeit
auch arbeite? Es stört mich total und zerreißt mir meine
Andacht und Stille. Aber es ist nun mal ein notwendiges Übel,
das es zu überstehen gilt. Mein Weihnachtswahnsinn will ja auch
finanziert sein. Also bitte.
Und es gibt ja tatsächlich auch die Momente,
in denen ich meine Arbeit durchaus schätze und liebe.

Kabarettist und Zuschauer pflegen in der Regel ein sehr herzliches
Verhältnis zueinander. Der eine auf der Bühne,
der andere im Saal und man kann davon ausgehen:
Beide Seiten haben sich aufeinander gefreut.
Der Zuschauer ist gerne bereit, mit Applaus und Gelächter seiner
Begeisterung Ausdruck zu verleihen.
Und der Akteur auf der Bühne badet sein Ego und zeigt seinerseits
Bereitschaft, sich aufzuopfern und alles zu geben.

Eine Wechselwirkung entsteht, die sich hochschaukelt,
bis in ekstatischste Sphären.
Endorphingeschwängerte Säle, ein süßer Rausch,
ein Zustand, den man am liebsten nie verlieren möchte.
Ja, so erlebe ich das Abend für Abend.

Naja. Fast. Es kann auch mal anders sein.
Es kann sogar ganz anders sein.
Ich möchte sagen: so anders, dass mir ein kalter Schauer den
Rücken hinunterläuft, wenn ich nur daran denke.

Diese Abende passieren mir ausschließlich gegen Ende des Jahres, gerade dann, wenn ich mich ganz und gar meiner weihnachtlichen Verklärung verschreiben möchte.
Aber je kürzer die Tage, je kälter die Luft, je staader die Zeit, umso mehr werde ich konfrontiert mit der Schattenseite meines Tuns. Denn jetzt drängen sie in die Theater und Kleinkunstbühnen des Landes. In Scharen kommen sie heran. Uniformiert und mit der Mission, sich schwer zu betrinken und die Bühne mit Ignoranz und Dummheit zu strafen. Betriebsweihnachtsfeiern.

Vor wenigen Jahren hatte ich das Vergnügen mit einer 100-köpfigen Weihnachtsfeier eines großen deutschen Versicherers.

Der Vorstandsvorsitzende hatte die Sache persönlich in die Hand genommen. Keiner der Angestellten kannte mich und ich bin mir sicher, auch der Vorstandsvorsitzende hatte zuvor nie von mir gehört.
Das war ihm aber egal, denn es ging ihm um etwas anderes:

Die Weihnachtsfeier im Vorjahr zog offenbar einige Unannehmlichkeiten nach sich. Ungewollte Schwangerschaften inklusive und … – schlimmer kann es kaum kommen – etagenübergreifendes Duzen.

Deshalb hat der Vorstandsvorsitzende für dieses Jahr beschlossen, die gesamte Belegschaft bitter zu bestrafen und zwar mit Kultur. Egal, welcher Künstler.
Das Theater heißt „Münchener Lach-und Schießgesellschaft“, da sollen sie sich alle reinzwängen und zwei Stunden schwitzen und stillhalten und zuhören. Wem auch immer.

Und sein Plan scheint zu funktionieren.
Die Meute sitzt auf viel zu engen Stühlen und hat gerade
ein Vier-Gänge-Menü vertilgt, an viel zu kleinen Tischen.
Am liebsten würden sie jetzt alle nach draußen stürmen,
um das Hirn mit der wohligen Wirkung frischer Luft zu beglücken,
aber genau in dem Moment erlischt das Licht im Saal
und die Bühne wird hell erleuchtet.

Hoch energetisch und polternd, wuchte ich mich auf die Bretter,
die die Welt bedeuten. Und beginne den Abend, wie immer, mit:
„Ja, schön, dass ich da bin!“ und verliere im gleichen Moment
jeden Glauben an das eben Gesagte. Nein, es ist eben nicht schön.
Es ist wirklich gar nicht schön, da zu sein.

Da sitzen sie vor mir. Mit verschränkten Armen vor der Brust.
Ausschließlich Männer in Anzügen.
Auch die Frauen sind ausschließlich Männer in Anzügen.
Jeden einzelnen kann ich von der Bühne sehen.
Das Saallicht ist erloschen. Aber dennoch erstrahlt der Raum,
von den Displays von über 100 Mobiltelefonen.

Kein Begrüßungsapplaus. Nur vereinzelte Grunzgeräusche,
leichtes Rülpsen und Gefurze. Die gesamte Atmosphäre erinnert an
einen höchst aktiven Verdauungstrakt.

Ich rette mich in die erste Pointe, lasse sie stehn,
warte und warte … jemand rülpst.
Nach einer viertel Stunde habe ich genau einen einzigen Lacher
geerntet und zwar für den Spruch:
„Je mehr ein Manager beruflich absteigt,
umso öfter sieht er sich gezwungen, seine sexuellen Gelüste wieder
mit der eigenen Ehefrau zu befriedigen.“
Ja, das finden die lustig. Sonst nichts.

Normalerweise müsste ich jetzt nervös werden,
ich müsste zu schwitzen beginnen, mit den Knien schlackern
und in den Mundwinkeln eine gelblich-klebrige Masse bilden,
die man im Fachjargon „Sprechkäse“ nennt.
Aber nein. Ich habe mir über die Jahre eine alternative Reaktion
angeeignet, mit der ich mich in solchen Situationen schütze.

Ich schalte auf Autopilot. Wie soll ich das beschreiben?
Es ist so: Mein Mund spult den Text meines Programms ab
und im gleichen Moment widmet sich mein Hinterkopf anderen
Dingen. In der Regel sind es wichtige private Planungen.
Das geht, wenn man sein Programm oft genug gespielt hat.
Das Hirn entwickelt dann nämlich Automatismen, die jeden Satz,
wie selbstverständlich auf den vorangegangenen folgen lassen.
Es braucht keine große Anstrengung mehr,
den Text sicher zu präsentieren.
Er sprudelt einfach aus mir heraus.

So auch an diesem Abend:
Mein Mund erzählt von geldgierigen Lobbyisten,
von der Ignoranz der Macht, der Eitelkeit der Wohlhabenden.
Und mein Hinterkopf denkt zur gleichen Zeit:
„Wenn ich um viertel nach Zehn meinen Auftritt beendet habe,
dann brauche ich noch eine viertel Stunde bis ich meine Sachen
gepackt habe, fahre etwa eine Stunde von München bis zu mir
heim und wenn alles gut geht, dann schaff ich's gerade noch
rechtzeitig zum aktuellen Sportstudio.“

Und so geht das weiter.
Mein Mund singt gerade ein Lied über esoterisch verstrahlte,
vegane laktoseintolerante Yogalehrerinnen.
Und mein Hinterkopf denkt: „Wenn meine Frau am Montag
vormittags in der Arbeit ist, dann kann ich endlich mal schnell in

die Stadt und in die Parfümerie und die Verkäuferin fragen,
welchen Duft meine Frau am liebsten mag.
Kaufe eben diesen und bin für Weihnachten aus dem Schneider.
Wir hatten beschlossen, dass wir uns in diesem Jahr nichts schenken,
aber wehe sie hat dann doch was für mich …
und ich für sie nicht mal ein Parfum."

Mein Mund sagt jetzt ein Gedicht auf:
„Ich ertrinke im Schwimmbad, hab ein feuchtes Grab,
weil ich Beckenbodengymnastik falsch verstanden hab.
Ich Trottel hab mir das nämlich so gedacht,
dass man zum Beckenboden taucht und dort Gymnastik macht."

Niemand lacht. Das ist gut so.
Denn so kann mein Hinterkopf ungestört weiterplanen:
„Für den ersten Weihnachtsfeiertag muss ich noch für die ganze
Familie einen Mittagstisch reservieren.
Oder hat meine Mutter gesagt, dass sie das macht?
Oder hat sie gesagt, ich soll?
Oder wie? Verdammt!"
Ich überlege kurz, ob ich vielleicht ein Telefonat mit meiner Mutter
spontan in meinen Auftritt einbauen könnte,
dann wäre das auch gleich erledigt.
Ich will den Abend aber dann doch nicht unnötig in die Länge ziehen.

Mein Mund widmet sich der letzten Passage des Abends:
„Meine Damen und Herren, ich bedanke mich für Ihr Kommen.
Und lassen Sie mich an dieser Stelle,
den großen Kabarettisten Werner Fink zitieren.
Der sagte am Ende solcher Abende immer: Meine Damen und
Herren, ein Kabarettist ist immer nur so gut, wie sein Publikum.
Und ich darf Ihnen sagen: Sie waren heute hervorragend!"

Nebenbei tippe ich auf meinem Handy eine Kurznachricht an
meine Mutter.

Dann verlasse ich die Bühne und gehe in meine Garderobe.
Dicht gefolgt vom Vorstandsvorsitzenden der
Betriebsweihnachtsgesellschaft.
Er erwischt mich noch kurz vor meiner Garderobentür:
„Herr Altmann, Herr Altmann, einen Moment bitte!"
Er ergreift meine Hand und schüttelt sie kräftig.
Dabei schaut er mich an, mit einem Blick, der so fest ist,
dass er erst mein Gesicht, dann meinen Schädel durchdringt
und sich schließlich hinter mir in die Wand einbrennt.
Er sagt: „Großartig! Das hatte Niveau, das hatte Anspruch.
Sie haben der gesamten Belegschaft einen Abend bereitet,
an den sie noch lange denken wird.
Dafür danke ich Ihnen von Herzen.
Und ich werde Sie weiterempfehlen, an all unsere Geschäftsstellen!"

Sonntag, 15. Dezember

Querflöte

Seit jeher gehörte es zur Tradition in unserer Familie,
dass jedes Kind ein Instrument zu lernen hatte.
Dabei konnte man sich selbst aussuchen,
womit man musizieren wollte,
aber sich ganz vor seiner musischen Bildung zu drücken,
das ging nicht. Mir graute davor. Meine Eltern mussten mich in
meine ersten Unterrichtsstunden regelrecht zerren.
Ich erinnere mich noch genau, wie sie mich geknebelt und gefesselt,
mich in den Kofferraum gepackt und mich zur Musikschule
verfrachtet haben. Natürlich ist das gelogen.
Aber rückblickend hat es sich genauso angefühlt.
Erstaunlicherweise ging ich dann aber doch recht bald
recht freiwillig in den Unterricht, weil sich schnell herausstellte,
dass mein Lehrer ein großer Fußballexperte war und über ein
großes Allgemeinwissen verfügte, das ich gierig in mich aufsog.

Nach einem Jahr beherrschte ich noch immer keine klare
Melodie auf meinem Instrument, aber ich konnte alle Spieler
der Meistermannschaft vom TSV 1860 München,
samt Ersatzspieler, aufzählen.
Das beeindruckte mich, und im Gegensatz zu meinen Eltern
war ich der festen Überzeugung, dass der Unterricht keinesfalls
überteuert war. Ich liebte meine Musikstunden.

Mein Instrument war die Querflöte. Die war bezahlbar,
leicht zu transportieren und sie erzeugte ein willkommenes
Geräusch, gerade zu Weihnachten. Dazu spielte ich noch jährlich
zwei große Konzerte mit dem Jugendblasorchester.

Bei den Querflöten war ich der einzige Bub unter acht Mädchen.
Gut, mein kleiner Bruder war auch dabei. Der lernte auch Querflöte.
Ich denke, es ist überflüssig zu erwähnen, dass er besser Querflöte spielte als ich. Das war aber auch kein Kunststück.
Ich möchte sogar sagen: Gemessen an meinem Übungsaufwand, beherrschte ich mein Instrument doch besser als er.

Ich durfte also unter acht Mädels sitzen und ich fühlte mich wohl.
Was mir aber anfangs nicht bewusst war:
„Mädels, die Querflöte spielen, stehen nicht auf Jungs, die Querflöte spielen!“ Das weibliche Interesse erwachte erst bei Trompetern, es steigerte sich zum Saxophonisten, dann Schlagzeug, Klavier und an der Spitze natürlich, die geile E-Gitarre.
Klavier und E-Gitarre waren in unserem Orchester nicht vertreten.
Aber auch aus diesem Umstand konnte ich keinerlei Kapital schlagen.

So verlegte ich mich auf die Komik, um wenigstens ein Mindestmaß an Aufmerksamkeit zu erfahren.
Für die Orchesterproben hatte ich deshalb immer gute Witze vorbereitet und diverse Slapstickeinlagen.
Versehentlich Notenständer umschmeißen, Notenblätter fliegen lassen, vom Stuhl fallen und Wadenkrämpfe vortäuschen, ins Instrument Furzgeräusche machen, oder in die Armbeuge Furzgeräusche machen oder in die Handflächen.
Ich beherrschte Furzgeräusche aller Art. Manchmal konnte ich die Furzgeräusche sogar mit einer leichten Duftnote untermalen …
Unser Kapellmeister nahm es wahr, ließ mich aber gewähren und musste sogar selber Schmunzeln. Ich glaube, seinen Taktstock benutzte er ausschließlich, um sich frische Luft zuzuwedeln.
Ich hatte großen Spaß und war ganz in meinem Element.

Was ich dabei nicht bemerkte: der erste Vorstand der Blaskapelle saß
ein paar Reihen hinter mir mit seiner Tuba und beobachtete mich.
Er beobachtete mich lange und intensiv.
Und irgendwann platzte ihm der Kragen.
Er stürmte nach vorne, schob den Dirigenten von seinem Pult
und brüllte mich vor versammelter Mannschaft nieder.
Laut und derb. Er war wahrlich kein großer Rhetoriker.
Dafür servierte er mir einen beachtlichen Cocktail von interessanten
Wortschöpfungen, garniert mit einer stattlichen Bierfahne.

Er würde meinem Vater einen Grund geben,
mich endlich aus dem Musikunterricht zu nehmen.
Und so kam es dann auch. Es war schlimm.
Für mich und meinen Musiklehrer. Ich leide bis heute darunter.
Mein fußballerisches Allgemeinwissen endet im Jahr 1986.

Am Ende meiner Querflöten-Karriere beherrschte ich nur
Weihnachtslieder. Ich beherrsche sie bis heute.

Weil Weihnachten den einzigen Anlass bietet,
zu dem man alleine vor einer Zuhörerschaft steht
und sich nicht verstellen kann.
In der Blaskapelle beschränkte ich mich auf so was Ähnliches
wie Luftgitarre spielen. Luftgitarre mit der Querflöte.
D.h. ich legte ausschließlich Wert auf meine Attitüde.
Hingebungsvoll wog ich meinen Körper zur Musik,
blickte dabei aufmerksam auf Notenblatt und Dirigent und
bewegte graziös, meine feingliedrigen Fingerlein.
Manchmal stand ich dabei sogar auf nur einem Bein.
Luft verwendete ich ausschließlich,
um zu atmen oder Furzgeräusche zu erzeugen.
Meinem Instrument entlockte ich praktisch nie einen Ton.
Nur ganz selten und immer aus Versehen.

Worüber ich dann jedes Mal sehr erschrak.
Ich bin mir sicher, wer mich in diesem Moment sah,
der hätte geschworen: „Jetzt hat er sich verspielt."
Genau genommen stimmte das.

So beschränkt sich also mein musikalisches Können auf weihnachtliche Melodien. Und diesen Schatz bewahre ich mir.

Heute ist es endlich wieder so weit. Es ist an der Zeit, mein Instrument aus der Mottenkiste zu holen und zu üben für Heiligabend.
Natürlich hätte ich es nicht nötig zu üben,
denn Weihnachtslieder spielen, das ist wie Radfahren.
Wenn man das einmal kann, dann läuft das.
Nein, mir geht es mehr um eine Form der Einstimmung auf das Fest.
Die Vorfreude soll gesteigert werden durch vertraute Melodien,
die durch das Haus erschallen.
Ich brauche das und deshalb gönne ich mir das.

Meine Kinder hassen es, wenn ich meine Querflöte hervorhole.
Dafür habe ich sogar ein bisschen Verständnis,
denn das Ding ist schon ziemlich angerostet und ungepflegt.
Meine Eltern hatten das Instrument damals „gebraucht" erworben
und es hat seitdem nicht an Ästhetik gewonnen.
Gepflegte Blechblasinstrumente glänzen, mein Blechblasinstrument ist durchgängig matt und würde wohl jeden Alteisenhändler in höchste Verzückung versetzen.

Meinen Kindern ekelt schon allein beim Anblick,
wie ich das Mundstück an meine Lippen lege und eine grazile Körperhaltung einnehme. Noch immer lege ich großen Wert darauf, dabei auf nur einem Bein zu stehen. Auf einem Bein

„Stille Nacht". Und nicht nur die erste Strophe. Das erfordert wochenlanges Training. Aber was sein muss, muss sein.

Die Mechanik einiger Klappen an der Flöte ist nicht mehr ganz so fit, d.h., schnelle Sechzehntel überfordern die alte Dame.
Bei „Kling Glöckchen, klingelingeling" zum Beispiel
versagt die Mechanik gänzlich ihren Dienst.
Deshalb bin ich gezwungen, jedes Stück mindestens in Viertelnoten zu spielen, um die Melodie erkennbar zu halten.
Das verleiht dem Ganzen nicht selten eine gewisse Bräsigkeit, aber auch Tiefe.
Am liebsten spiele ich „Jingle Bells" und „Santa Clause is coming to town". Ich finde, man beginnt die Stücke erst richtig zu verstehen, wenn man ihnen die Dynamik nimmt.

Herrlich, all diese zeitlosen Hits.
Es sind die wenigen Momente, bei denen meine Frau freiwillig Schallplatten von Peter Alexander hervorholt und sehr laut abspielt und selber mitsingt. Meine Kinder machen dazu Furzgeräusche.
Ich finde das infantil, banal und in keinster Weise witzig.
Aber ich lasse mich nicht aus der Ruhe bringen.
Ich ziehe mein Programm durch. Gnadenlos bis zum 24sten.

Montag, 16. Dezember

Weihnachtspost

Und wieder dieses schlechte Gewissen.
Auch diesmal habe ich keine Weihnachtspost verschickt bzw. auf andere Weihnachtspost reagiert.
Meine Frau meint, es wäre noch immer ausreichend Zeit, sich etwas auszudenken, zu basteln und zu verschicken.
Mit diesen Anregungen wird sie aber nicht weit kommen, denn ich habe beschlossen: es ist zu spät.

Für mich bedeutet es schon einen enormen Aufwand, ja keine Geburtstage zu vergessen. Vor Weihnachten hat praktisch alles, was mit mir verwandt ist, verschwägert oder bekannt, auch noch Geburtstag. Da muss man anrufen, „Happy Birthday" singen und einen witzigen Smalltalk halten. Die führen Buch darüber, wer sie mit Glückwünschen bedacht hat.
Wehe, wenn du da fehlst.
Und dann soll ich mich auch noch um Weihnachtspost kümmern?

Fotomontagen, Jahresbriefe, ein Freund schickt mir jedes Mal ein selbstgeschriebenes Buch, mit persönlicher Widmung.
Und die machen das alle nicht aus geschäftlichem Interesse.
Die machen das, weil es ihnen Spaß macht?
Weil sie mir eine Freude bereiten wollen? Wirklich?
Leute, die eine halbe Ewigkeit an irgendwelchen Karten basteln. Die schneiden kleinste Fetzen zu Sternchen oder Figürchen und pappen sie zu kleinen Szenen wo drauf. Oder machen am Computer die irrsten Collagen. Ich kann das gar nicht.
Da fehlt mir das Know-how. Und das soll auch bitte so bleiben.
Und dann schreiben die noch Kommentare dazu,

die teilweise echt witzig sind und verdammt persönlich.
Woher nehmen die die Zeit und die Muse und den Humor?
Vielleicht ist es eben doch eine Zwangshandlung:
„Das macht man so! Außerdem machen wir das seit Generationen.
Schon unsere Urgroßväter haben das gemacht.
Die jährliche Weihnachtsdepesche, die das feindliche Lager davon abbringt, uns anzugreifen. Dieser Tradition haben wir uns verschrieben. Es ist ein Ritual, das wir dringend brauchen, um in Weihnachtsstimmung zu kommen.
Und wir freuen uns darauf. Fast mehr als auf Heiligabend."

Und dann: Schlaflose Nächte, tiefe Gräben unter den Augen, zerstörter Biorhythmus. Ja, so muss das sein.
Eine eindeutige Form von Masochismus.
Solche Leute haben sich auch im Keller diverse Gerätschaften eingerichtet, mit denen sie sich auch unterm Jahr quälen.
Man ahnt ja gar nicht, welch schlimme Dinge man mit Kickerkästen, Schlagzeugen und Wäscheständern anstellen kann.

Die Sache ist eben doch total verlogen.
Meine Frau meint: „Das zeugt davon, wie gut organisiert die andern sind. Wie sie ihr ganzes Leben einfach besser hinkriegen."
Darauf ich: „Aber uns geht's doch auch nicht schlecht."
Dann sie: „Sicher, man kann sich mit allem arrangieren und selbst das größte Chaos zur einzig wahren Normalität erklären."
Ich spüre massive Gewitterwolken aufziehen.
Sie packt noch einen drauf: „Ich habe es langsam satt, dieses ständige Dahingewurstel und irgendwie passt's dann schon!"
Schnell! Jetzt einen Themenwechsel.
Ohne lange zu überlegen hau ich mich dazwischen und artikuliere den ersten Gedanken, der in meinem Hirn gerade greifbar ist:
„Sag mal, hast du eigentlich schon was,
das ich meiner Mutter schenken könnte?"

Bevor ich mich dafür selbst ohrfeigen kann, sagt sie:
„Genau das meine ich!" Auweh!
„Du verlässt Dich einfach blind auf mich."
Darauf ich: „Aber das ist doch ein Zeichen von Liebe und Vertrauen." „Nein, das ist das Zeichen einer faulen Sau!"

Liebe Mama, falls du diese Zeilen vielleicht gerade liest.
Ich habe das nur geschrieben, um den Leser zu unterhalten.
Um ihm das Gefühl zu geben: „Genau wie bei uns."
Ich möchte damit nur Nähe erzeugen und Erheiterung.
Ich weiß, das ist billig. Aber davon lebe ich nun mal.
Wir wissen doch beide, wie die Wahrheit wirklich aussieht.

Weihnachtspost!
Am schlimmsten war die Bekannte, die mir einen endlosen Weihnachtsbrief geschrieben hatte, weil ich mal einen Satz zu ihr gesagt haben soll, der sie über längere Zeit beschäftigt hat und der ihr angeblich so viele Horizonte geöffnet hat.
Sie musste mich verwechselt haben.
Ich mache Witze, ich bringe Leute zum Lachen,
aber ich öffne keine Horizonte!
Ich konnte mich nicht im Ansatz daran erinnern,
diesen Satz jemals von mir gegeben zu haben.
Und ich werde diesen Satz an dieser Stelle auf keinen Fall wiederholen. Am Ende öffne ich damit noch weitere Horizonte und die Folgen wären nicht mehr kontrollierbar.

Handschriftlich! Handschriftlich war dieser Brief! Ein Unikat!
Und am Ende: „ich wünsche dir nur das Allerbeste und sei beschenkt, mit allem, was du dir wünschst, deine K."

Natürlich hat sie ihren vollständigen Namen geschrieben.
Ich kürze diesen Namen aber ab, damit sie sich in diesem Buch nicht

wiedererkennt und mir womöglich einen weiteren Brief schreibt: sie hätte mein Buch gelesen und es hätte schon wieder so viel mit ihr gemacht. Irgendwann bietet sie vielleicht sogar Seminare an, bei denen sie nur mit Sätzen und Büchern von mir arbeitet und schließlich bildet sich um mich eine Jüngerinnenschaft, eine Sekte, eine Religion, Fundamentalismus, Krieg und Verderben.

Deshalb also lieber „K.“. Ihr richtiger Vorname beginnt nicht einmal mit einem „K“. Ich habe bewusst den falschen Anfangsbuchstaben gewählt, um möglichen Spekulationen aus dem Wege zu gehen.
An dieser Stelle herzlichste Grüße an meine lieben Freundinnen Karen, Kathrin und Katinka und ihre Lebenspartner (um auch hier möglichen Spekulationen aus dem Weg zu gehen)

„Sei beschenkt, mit allem, was du dir wünschst!“
Das schreibt die mir! Ja geht's denn noch schleimiger?
Und damit war der Brief aber noch längst nicht beendet.
Nein, da stand noch: „P.S.: Du musst mir nicht zurückschreiben.
Es reicht mir, wenn ich mich bald wieder mit dir unterhalten kann.“
Was für eine Frechheit. Unterstellt die mir, dass ich wahrscheinlich sowieso keine Lust habe, ihr zurückzuschreiben.
Was gibt ihr das Recht, so über mich zu denken?
Natürlich hat sie recht, diese K.
Aber ich hasse jede Form von Unterstellungen!

Ich habe den Kontakt zu K. abgebrochen.
Mich stresst der Gedanke, ihr über den Weg zu laufen
und dann in erwartungsvolle Augen zu blicken:
„Na? Es hat doch auch hoffentlich etwas mit dir gemacht,
dass ich so persönliche Worte für Dich gefunden habe.
Ich habe diesen Brief erst mehrfach aufgesetzt und wieder verworfen und dann schließlich so oft ins Reine geschrieben,

bis ich der Überzeugung war,
dass Kalligrafie und Inhalt im Einklang stehen."

Wie steh ich dann da? Was soll ich darauf sagen?
Womöglich entwickelt sich ein erfüllendes
und unglaublich tief gehendes Gespräch,
das noch weitere tolle Briefe nach sich ziehen wird.
Zu Ostern, zum Geburtstag, zu Allerheiligen …
jeden Feiertag würde ich in Zukunft verfluchen.

Irgendwann würde meine Frau diese Briefe finden.
Sie wird mir nicht glauben, wenn ich ihr versichere,
niemals darauf geantwortet zu haben.
Schon gar nicht mit der Hand geschrieben
oder mit sonst einem Körperteil. Eine Krise wird sich entspinnen,
die mich um Haus und Hof und Familie bringt.
Da wäre nur noch diese K.
Das Schicksal wird mich immer weiter in ihre Arme treiben.
Irgendwann werden wir gemeinsam schweigend an einem Tisch
sitzen, uns gegenseitig anstarren und schließlich wird sie mich
anbrüllen: „Sag was, du Sau! Damit ich dir schreiben kann!"
Nein, das kann und darf ich nicht zulassen!

Dienstag, 17. Dezember

Die Gefahr des Schenkens

Auch in den letzten Stunden wollte mir nicht einfallen,
wann ich zu K. wohl diesen bedeutenden Satz gesagt haben könnte,
der ja so viel mit ihr gemacht hat.
Außerdem war ich damit beschäftigt, ihre Weihnachtspost in ein immer wieder neues Versteck zu bringen. Kein Ort erschien mir sicher genug. Früher oder später wird meine Frau ihn finden und dann wird mein Leben außer Kontrolle geraten.

Ich muss mich beruhigen, ich brauche entspannende Gedanken,
sonst werde ich noch verrückt.
Da brüllt es in mir: „Morgen ist Weihnachten!
Und du hast keine Geschenke, du Depp!"
Panisch öffne ich den Computer, um noch irgendwelche
last-minute-Angebote zu finden oder Tipps,
was man auf die Schnelle noch basteln könnte.
Einen peppigen Damenmantel aus alten Teppichresten,
ein selbstgemixtes Parfum aus abgestandenen Herrendüften,
freche Dessous aus Plastikmüllbeutel … etc.
In meiner panischen Suche schau ich am Computer auf den rechten unteren Bildschirmrand und sehe das heutige Datum.
Ich atme tief durch. Gott schenkt mir noch eine ganze Woche.

Das sind sieben Tage. Das sind 168 Stunden,
also mehr als 10 000 Minuten. Oft lässt sich ja vieles in nur einer Minute erledigen, wenn man die richtige Idee hat.
Die richtige Idee wird kommen, das weiß ich.

Ich vertraue auf meine Gabe, mich inspirieren zu lassen und schnell zu handeln. 10 000 Minuten, das bedeutet für mich demnach auch 10 000 Ideen für Geschenke.
Ich muss eigentlich nur warten, bis die beste Idee vorbeikommt, sie ergreifen, dann handeln und meine Liebste in grenzenloses Glück versetzen. So einfach geht das bei mir.

Aber ich vergesse dabei, dass mich allein die Rechnung:
„Wie viele Stunden bzw. Minuten sind eine Woche?“
bereits mehrere Minuten gekostet hat.
Ich rechne sowas noch im Kopf,
ohne jegliches elektronisches Hilfsmittel.
Darauf bin ich etwas stolz und vergesse dabei,
dass ich mich gerne im Stolz bade.
Auch das kostet mich mindestens drei weitere Minuten.

Dann entschließe ich mich, diese Zeilen, die ihr jetzt gerade lest oder vorgelesen bekommt, niederzuschreiben.
Ich weiß, die Idee, zu schreiben, dass man gerade schreibt, ist nicht neu. Aber ich bin eben gerade von selbst darauf gekommen und auch das erfüllt mich wiederum mit Stolz.
So viel Stolz auf einmal ermüdet mich und ich sollte daran denken, dass ich mich bald zu Bett begeben werde und auch dort mindestens 400 Minuten verliere.
Langsam gesellt sich wieder der erste Hauch von Panik zum Stolz.
Aber es wird alles gut gehen.
Noch glaube ich ganz fest daran, glaube ich.

Oder es wird doch so laufen wie immer.
In den vergangenen Jahren war des Öfteren mein Bruder meine allerletzte Rettung.
Es ist ein Goldschmied aus ihm geworden und meine Frau steht sehr auf seine Kunst und sein Können.

Damit kann man ihr immer eine Freude machen.
Es ist im Grunde auch nicht anders als bei Familien,
die in ihren Reihen einen Maler haben, einen Koch oder einen
Schönheitschirurgen. Da ist immer mal schnell was aus dem Hut
gezaubert. Ein Bild, ein Menü oder eine neue Brust.
Schwierig wird's so ab dem fünften gemeinsamen Weihnachten.
Wenn man schon genügend Bilder hat,
jedes Menü kennt und nach der dritten Brust
keine Lust mehr auf die vierte hat.

Ich gebe zu, vor zwei Jahren war ich sogar auf den letzten Drücker
noch langsamer als alle anderen Ehemänner.
Mein Bruder hatte nur noch Manschettenknöpfe und Herrenringe
im Angebot. Es waren auch viel zu wenig Teppichreste im Haus,
um noch einen peppigen Damenmantel zu schneidern.

Da bleibt nur noch der Gutschein.
Meine Frau hasst Gutscheine. Sie war auch ziemlich angefressen,
als wieder einmal ein Kuvert von mir unter dem Baum lag.
„Hey, ein Gutschein. Was wird es wohl diesmal sein?
Fünfmal Abspülen und Bügeln? Den Keller ausräumen?
Ein langweiliges Wellnesswochenende oder ein Essen bei unserem
Stammitaliener, bei dem wir sowieso alle paar Tage rumhocken?"

Es war ein Tandemsprung mit dem Gleitschirm.
Sie hatte sich das tatsächlich mal gewünscht,
wusste das aber nicht mehr.
Sie hatte diesen Wunsch im Sommer geäußert,
ich hatte mir das ganz schnell notiert und ihr einen Traum
verwirklicht. Das war überraschend, auch für mich.

Ich hatte den Zettel mit der Geschenknotiz nur zufällig gefunden,
als ich im Haus nach alten Teppichresten suchte.

Ich fand ihn, unter Wollmäusen und alten toten Spinnen,
hinter den Öltanks im Keller, diesen gelben Zettel.
Fragt mich nicht, wie er da hingekommen war.
Wahrscheinlich hatten ihn die Spinnen aus meinem Büro geholt,
um damit im Heizungsraum Fliegen und kleine Mäuse anzulocken.
„Kommt her, Ihr Süßen.
Wir haben feinsten Schweizer Scheiblettenkäse für euch!"
Es sind aber keine Fliegen oder Mäuse gekommen.
Weil Fliegen und Mäuse echt nicht so blöd sind,
einen kleinen viereckigen gelben Zettel für Scheiblettenkäse zu
halten. So sind die Spinnen elendiglich verendet.
Und das Schicksal zeigte ihnen noch zusätzlich die Zunge,
indem sie die toten Körper verwob, in dicke graue Wollmäuse.

Der gelbe Zettel hatte jedenfalls wieder zu mir gefunden
und ich habe die Gelegenheit sofort am Schopfe gepackt.
Mit wenigen Mausklicks war die Sache erledigt
und ich mochte mich sehr.
Ich hatte es immer für eine abgedroschene Plattitüde gehalten,
dass Schenken angeblich mindestens so glücklich macht,
als beschenkt zu werden. Das sei an dieser Stelle revidiert.

Ein Tandemsprung also.
Über vier Monate konnte sie sich darauf freuen.
Ein Geschenk, mit dem man noch einmal zusätzliche Vorfreude
auslöst, ist wohl kaum zu übertreffen.
Denn Vorfreude ist, in der Tat, nun mal die schönste Freude.
Wenn man mal von der Schadenfreude absieht.
Schadenfreude kann auch sehr schön sein,
lässt sich aber schlecht zu Weihnachten verschenken.
„Schau mal, Schatz, ich hab mir für Dich ein Bein abgehackt!"
Die Freude wäre nur von kurzer Dauer. Ich kenne meine Frau.

Anfang Mai sollte es endlich so weit sein.
Mit der ganzen Familie haben wir sie begleitet.
Bis zum Start waren wir dabei, haben gefilmt
und geholfen und sie beruhigt.
Sie würde starten, sich wie ein Engel in die Lüfte erheben,
getragen von Wind und Thermik. Endorphine würden sich in ihr
ergießen. Das große Glück. Die Welt von oben, der alte Menschheitstraum, angehängt an einen Profi-Gleitschirmflieger.

Es handelte sich dabei um einen jungen Mann,
gertenschlank und durchtrainiert, fast schwarz gebräunt,
mit Dreadlocks bis zum Hintern und einem sexy österreichischen
Slang. Ich war nicht eifersüchtig. Nein, ich gönnte ihr das.
Von Herzen. Schließlich war ich in meinen jungen Jahren
diesem schneidigen Austro-Jamaikaner nicht unähnlich.
Nur meine Sprache war damals eher unsexy und altbairisch.

Nein, dieser Flug sollte auch eine kleine Zeitreise für sie sein,
zurück in unsere gemeinsame Vergangenheit.
Sie würde im Flug immer nur an ihren attraktiven jungen Ehemann
denken, solange der österreichische Rastamann die Fresse hält.
Und die Familie sollte während ihrer Flugzeit gemütlich ins Tal
wandern und sie mit offenen Armen unten erwarten.
Das war der Plan.

Und folgendes passiert:
Sie startet. Sie läuft los, hebt ab und juchzt. Und sie fliegt.
Sie fliegt den Berghang entlang ins Tal, Richtung Parkplatz.
Wie ein Flugzeug im Landeanflug fliegt sie einfach,
wie an einer Schnur gezogen, den Berg hinunter.
Der Gleitschirm macht keinen Bogen oder steigt kurz mal wieder auf.
Nein, es ist ein kerzengerader, unspektakulärer Sinkflug.
Wir stehen noch oben am Startplatz, als wir sehen,

wie sie unten, wenige Meter neben unserem Auto, landet.
Keine 10 Minuten hat dieser Flug gedauert.
Mit großen runden Kuhaugen und weit geöffnetem Mund starre ich fassungslos vor mich hin. Die Sache war echt nicht billig.
Ich bin wirklich kein Pfennigfuchser, aber hier gehen Preis und Leistung doch diametral auseinander.

„Super. Sehr schön. Saubere Landung."
Meint meine Mutter und klatscht freudig in die Hände.
„Aber sie ist ja gar nicht richtig geflogen.
Sie wollte doch eigentlich fliegen." Sage ich.
„Landen ist auch Fliegen.", entgegnet meine Mutter,
„Sei doch froh, dass ihr nix passiert ist."
Und dann zu meinem Vater: „Und du hörst jetzt endlich mit dem Filmen wieder auf. Sie ist doch schon gelandet."
Mein Vater: „Ja, aber die Landschaft ist so schön."
Die Kinder: „Fährt die Mama jetzt gleich heim?"
Ich: „Nein, ich hab den Autoschlüssel."
Die Kinder: „Dann muss die jetzt da unten über eine Stunde warten, bis wir endlich daherlatschen."
Meine Mutter: „Sie hat ja Gesellschaft.
Der junge Mann mit den dreckigen Haaren wird sie ja wohl nicht da unten alleine rumsitzen lassen."
Meine Buben grinsen und singen: „No woman, no cry."

Mein Handy klingelt. Es ist meine Frau:
„Hast du das gesehen?" Ich: „Ja."
Meine Frau: „Ich bin nur gelandet. Ich bin gar nicht richtig geflogen."
Ich: „Landen ist auch Fliegen."
Meine Frau: „Dem Richie hat es auch sehr leid getan."
Ich: „Wer ist Richie?" Meine Kinder: „No woman, no cry."
Meine Frau: „Der Richie meint, das liegt an der schlechten Thermik.
Das kann im Mai schon mal passieren.

Im Spätsommer, da ist die Thermik dann richtig gut.
Aber da kosten die Flüge auch ein bisschen mehr."
Ich: „Oh, das hab ich gar nicht gewusst."
Meine Frau: „Macht nix.
Du, der ist ein ganz ein netter Kerl, der Richie.
Und er hat so einen süßen kleinen Sprachfehler."
Und ich: „Das ist Österreichisch."
Meine Frau: „Du, ich weiß schon, was ich mir zum Geburtstag wünsche. Magst du dir das kurz notieren?
Zur Not organisier ich das aber auch selber.
Wir haben schon die Handynummern getauscht."

Innerhalb einer halben Stunde war ich unten am Parkplatz.
Meine Knie taten weh wie nie,
mein Herzschlag brachte meinen Brustkorb fast zum Platzen,
ich schwitzte und ich roch.
Ich drückte meiner Frau den Autoschlüssel in die Hand und ließ mich von ihr heimfahren.
Die Kinder kamen zwei Stunden später mit den Großeltern nach.

Ich schätze, in diesem Jahr gibt's wieder Schmuck von meinem Bruder. Egal was. Sie freut sich und das Zeug steht ihr gut.
Und es ist vor allem auch eine Wertanlage.
Das ist was Bleibendes, auch für die kommenden Generationen.
Oder ich bastle was.
In jedem Fall gibt's nie wieder einen Gutschein!

Mittwoch, 18. Dezember

Der Moderator

Ich habe keine Weihnachtspost verschickt, ich habe noch immer kein Geschenk besorgt und jetzt kommt auch noch eine Lebenskrise daher. Die Lebenskrise kurz vor Jahresende.
Seit meinem dreißigsten Geburtstag gehört sie so sicher zu mir wie die Banane zum Mon Cherie. Es kann doch nicht sein.
Eben erst war noch 1980. Und jetzt bin ich bald tot.

Und dann gibt's da noch spezielle Krisenbeschleuniger.
Früher, als ich noch so jung war, wie ich mir heute noch manchmal einbilde zu sein, da konnte ich in Interviews immer mit den drei üblichen Standardfragen rechnen:
„Kann man davon leben? Was machen Sie tagsüber?"
und natürlich: „Was machen Sie eigentlich beruflich?"
So sicher wie die Fragen kamen, so sicher hatte ich meine vorgefertigten Antworten parat:
Zu 1: Nein, aber Sie können für mich spenden.
Hier auf meiner Karte steht meine Bankverbindung.
Zu 2: Frühstücken.
Zu 3: Ich züchte seltene Reptilien und verkaufe sie an diverse Clubs. Läuft aber ziemlich schlecht und ich weiß nicht mehr, wohin mit den ganzen Viechern. Wollen sie nicht welche kaufen, bevor sie mir im Kofferraum verhungern wie neulich das Krokodil?

Und dann kam es heute Vormittag zu einem Radio-Interview, das für mich eine klare Zeitenwende markiert.
Es war der klassische „Frühmorgens-Gute-Laune-Moderator", der mich sofort auf seine lockere Kumpelebene gezogen hat.
Ich fall auf solche Leute irgendwie immer rein.

„Hey toll, dass du bei mir in der Sendung bist.
Komm, ich hol dir einen Kaffee.
Ich muss dir echt sagen, dass ich ein Riesenfan von dir bin …“
Das sagt der zu jedem! Das ist Taktik! Aber es funktioniert!
Bei mir funktioniert das!
Keine einzige der üblichen Standardfragen hat er mir gestellt.
Er hat mir überhaupt nur eine Frage gestellt.
Zu mehr kam es nicht. Zum ersten Mal wollte jemand von mir
wissen: „Mensch Michi, jetzt mal ehrlich: Du gehst ja jetzt auch
schon streng auf die 50 zu. Wie ist es denn so, wenn einem die
eigene Endlichkeit allmählich bewusst wird?“ …

Ich war geschockt. Schlagartig fielen mir am Kopf zwei Millionen
Haare aus und wuchsen umgehend am Rücken
und in den Gehörgängen wieder nach.
Meine Tränensäcke hingen mir fahl und grau über den Wangen bis
hinunter zu den Knien. Und alles wurde künstlich überstrahlt
von meinen nagelneuen, ersten Dritten im Mund.
Was für eine schlimme Breitseite!
Ich war so geschockt, dass ich tatsächlich antwortete.
Ich habe keine Ahnung mehr, was ich gesagt habe.
Ich konnte mir selbst nicht richtig zuhören,
weil ich zu sehr mit meinem Schockzustand beschäftigt war.
Dafür muss ich aber endlos lange geredet haben,
denn wie gesagt: es kam zu keinen weiteren Fragen.

Völlig verstört komme ich zuhause an,
erzähle meiner Frau, woran ich mich noch ungefähr erinnern kann.
Sofort reicht sie mir diverse Verjüngungstrünke,
legt mir Gurkenscheiben auf die Augen und strafft meine
Gesichtshaut mit Wäscheklammern hinter den Ohren.
Das entspannt und beruhigt mich und sie fragt:
„Wie alt war er denn selber, der Herr Moderator?“

Ja klar! So weit hatte ich noch gar nicht gedacht.
Wieder einmal war ich nur mit mir selbst beschäftigt.
Ich muss lachen. So sehr, dass sich ein paar Wäscheklammern hinter den Ohren lösen, in den Geschirrschrank schießen und einige Suppenteller zerdeppern.

Ja klar. Der Moderator ist älter als ich. Ich hab das sofort nachgegoogelt. Ganze zwei Monate und drei Tage ist der älter als ich!
Natürlich, keine Frage, er hat eine Krise.
Er wollte sich an mir abarbeiten, damit es ihm besser geht.
Er wollte mich heulend am Boden liegen sehen,
um mit meinem Anblick seine eigenen Tränen zu trocknen.
Na klar. Er ist einsam und fürchtet sich vor Weihnachten.
An Heiligabend stellt er ein Bild von mir auf,
schenkt sich schweren Alkohol ein und prostet mir zu.
„Cheers, my funny Mikel. Mit dir trink ich immer noch am liebsten."
Es wird ihn über die Feiertage retten.

Der Gute-Laune-Radiomoderator.
Jeden Tag muss er viel zu früh aufstehen und hellwach lustige Sprüche ins Mikro sagen. Sprüche, die er selbst überhaupt nicht lustig findet, die er hasst. Aber er hat einen Job, den er nicht verlieren will. Nicht verlieren darf, weil er für zwei Kinder zu bezahlen hat, mit denen seine Frau vor ein paar Jahren abgehauen ist. Seine Ernährung beschränkt sich auf fünf Spezi,
drei Schinken-Käse Toasts und 30 Zigaretten am Tag, die er,
bei jeder Witterung, irgendwo im Freien, fluchend in sich einsaugt.
Sein bester Freund ist der große überfüllte Aschenbecher auf dem viel zu engen Studio-Balkon. Inzwischen sehen sie sich sogar ein bisschen ähnlich, der Aschenbecher, der Balkon und er.

Überhaupt, alles was noch einigermaßen annehmbar an ihm aussieht, ist sein SUV von Volvo. Das Leasing ist schweineteuer, aber er leistet sich das, denn er ist ja schließlich ein bisschen berühmt. Also, seine Stimme, die ist ein bißchen berühmt. Auf der Straße erkennt ihn keine Sau. Das erträgt er aber ganz gut, sagt er immer wieder. Ständig sagt er das. Auch, wenn man ihn nicht danach fragt.

Und er moderiert alles an – auch morgens beim Bäcker.
„Guten Morgen, es ist 6.30 Uhr, Brötchenkauftime!
Ein Brötchen für das Blödchen, ein kleiner Blondinenscherz,
und jetzt ist es Zeit für Musik!“ Und dann singt er irgendwas von Rihanna – in den meisten Bäckereien hat er HAUSVERBOT.

Er hat‘s versucht, mit einem eigenen Youtube-Kanal,
wo er wichtige Fragen zu aktuellen Ereignissen stellt
und selbst beantwortet. Aber seine Follower antworten nur:
„Mach Radio! Das kannst du besser. Deine Witze sind zwar scheiße.
Aber deine Stimme ist echt okay.“
Oder einfach nur: „Igitt! Du rauchst noch?!“

Jetzt sitzt er also, wie jeden Morgen, da und brabbelt lustige Sprüche ins Mikrofon. Nach jedem Spruch muss er lachen.
Das ist eine Anweisung von ganz oben.
„Lachen steckt den Zuhörer an, versorgt das Hirn mit Endorphinen und lässt Dich gut in den Tag starten.“

Der Moderator ist noch nie gut in den Tag gestartet.
Sein Lachen hat bei ihm noch kein einziges Glückshormon produziert. Inzwischen beginnt er, Glückshormone zu hassen.
Kann man das? Ja, der Moderator kann das.

Und jetzt komme ich heute Vormittag daher: zerknittert, unausgeschlafen. Ich sehe so aus, wie er sich fühlt. Vor dem Mikro hat er ein paar Tannenzweige ausgebreitet, kitschigen Weihnachtsschmuck und Kerzen. Sicher weiß er, dass ich auf das Zeug stehe.

Er denkt, mich genau da zu haben, wo er mich haben will.
Und so lächelt er mich mit feuchten Augen an
und stellt mir seine Frage und hofft auf die Antwort,
die ihm sagt: „Verzage nicht, anderen geht's genauso
beschissen wie dir. Du bist nicht allein.
Vielen geht es sogar noch schlechter. Kabarettisten z. B.
Die müssen jeden Abend lustig sein, können nachts auch nicht
schlafen und sehen am nächsten Morgen so aus
wie diese Kreatur, die da gerade vor dir sitzt."

Und jetzt weiß ich auch wieder,
was ich geantwortet habe. Eben fällt es mir ein.
Ich habe gesagt: „Das Alter ist eine tolle Sache.
Man wird ruhiger und entspannter. Hermann Hesse hat einmal
gesagt: „Mit der Reife wird man immer jünger."
Das kann ich absolut unterschreiben.
Aber das geht natürlich nur, wenn das Umfeld stimmt.
Wenn man Menschen hat, von denen man geliebt wird.
Die da sind, die auf dich warten.
Unter uns: ich freue mich auf Weihnachten wie ein Kind.
Es ist so schön, dass ich mir das bewahren konnte.
Und, ich weiß, es klingt abgedroschen, aber es stimmt doch:
Man ist immer nur so alt, wie man sich fühlt.
Und jetzt wünsche ich mir von Bryan Adams „18 till I die".
Für Bryan Adams finde ich das eigentlich ziemlich peinlich.
Und ich mag das Lied auch überhaupt nicht.
Aber ich finde, es passt gerade sehr gut."

Das habe ich gesagt. Genau das! Zumindest habe ich eben
beschlossen, genau das gesagt zu haben.
Und so wird es auf ewig in mir abgespeichert bleiben.
Unveränderlich, bis an mein Ende.

Freitag, 20. Dezember

Kultur im Zelt

Noch immer bin ich sehr stolz auf mich.
Wer hätte gedacht, dass ich so spontan und so richtig reagieren würde auf diesen unverschämten Moderator.
Man wünscht sich ja immer, dass man genau die richtigen Sätze spricht, wenn man in Bedrängnis gerät.
Aber meistens fallen sie einem erst hinterher ein und dann ärgert man sich, weil sich die Zeit einfach nicht mehr zurückdrehen lässt.
Nein, dieser Gute-Laune-Moderator hatte nichts anderes verdient.
Die volle Breitseite meinerseits. Was für ein gutes Gefühl.
Ich möchte mich dafür belohnen. Mich und meine Liebste will ich belohnen mit einem ganz besonderen Erlebnis.

Und ich werde fündig.
Irgendwie hab ich noch irgendwo die letzten Karten ergattert.
Für einen großen Zirkus-Show-Event.
Genau genommen in München, in einem Zelt, auf einem großen Weihnachts-Festival. In der letzten Reihe. Mit Menü.

In den ersten Reihen, vor der Bühne, befinden sich die Plätze ohne Menü. Da war ich leider zu spät dran mit meiner Reservierung. Vorne sitzen die, die auch ihren Sommerurlaub schon ein Jahr vorher buchen und damit billiger und besser wegkommen als ich. Und sie sind stolz darauf. Das sieht man ihnen auch heute deutlich an. Allein an ihrer selbstzufriedenen Sitzhaltung erkenne ich ihre arrogante Überlegenheit.

Wir sitzen also ganz hinten und bekommen ein Menü.
Meine Frau ist sehr dankbar und meint mit aller Bescheidenheit:

„Wie du dich wieder ins Zeug gelegt hast.
Und so spontan und so kurz entschlossen.
Und dann auch noch mit Menü, an einem Platz mit der größtmöglichen Übersicht. Du bist ja verrückt.
Das muss ja ein Vermögen“…
Tja, so bin ich eben.
Für meine Liebste ist mir das Beste gerade gut genug.

Schon mal ein Menü genossen, mit über 500 anderen, die genau das Gleiche kriegen und ihr Essen alle auch gleichzeitig wollen …?
Fehlt nur noch, dass jemand schreit: „Auf die Plätze, fertig, los!“
So stelle ich mir ein Wettessen in der Kantine in einem Ameisenhaufen vor. Nur ist es hier ein bisschen hektischer und lauter,
untermalt mit amerikanischem Weihnachtsgedudel:
„it's a lovely weather, for a sleighride together with you …“
Bei Rudolf, dem rotnasigen Rentier bekomme ich die ersten Gewaltphantasien. Vor meinem geistigen Auge verdresche ich mit einem Schlitten diesen blöden Rudolph,
dessen Nase abwechselnd die Farben Grün und Blau annimmt.

Meine Frau bleibt weiter tapfer: „Und wie prompt das Essen kommt.
Und so schön angerichtet und freundlich serviert …“
Ich zerfetze gerade innerlich mein drittes Rentier und würde dazu gerne grausige Urlaute von mir geben. Aber ich habe uns das hier eingebrockt und folglich rufe ich mich zurück zu meiner Verantwortung, die allgemeine Stimmung oben zu halten.
„Ja“, sage ich, „die wissen hier genau, worauf es ankommt.
Echte Profis sind das. So viele Menschen und irgendwie hat man doch das Gefühl, in trauter Zweisamkeit, ungestört … äh …“

Die Show beginnt. Endlich.
Es wird dunkel im Zelt und es kehrt tatsächlich Ruhe ein …
Hatte ich schon erwähnt, dass wir nicht allein am Tisch sitzen?

Mit uns am Tisch befinden sich ein junger, schicker, vollbärtiger Vater mit seinem süßen Kleinkind und vier sehr aufgeregte ältere Damen aus dem Münchener Umland. Wir sitzen genau zwischen beiden Fronten.
Zudem wird unser Tisch noch umrahmt von einer Betriebsweihnachtsfeier eines großen Elektronikkonzerns.

Die Show beginnt mit einer äußerst wohlgeformten Dame im hautengen Anzug, die an zwei Bändern hängend
die unglaublichsten Kunststücke vollführt.
Ich bin fast schon geneigt, den Abend doch noch zu mögen.
Da macht sich die Betriebsweihnachtsfeier bemerkbar:
„Die Alte würd ich mir auch gern mal um die Lenden stülpen."
„Ja, geil, höhöhö." „Und was machst du, wenn sie an deiner Schnur zieht?! Höhöhö." „Sag mal, da ist ja gar kein Service mehr. Bringen die nochmal was zum Trinken? Ist da auch mal Pause?"
„Na, da muss Pause sein. Da fehlt ja noch die Nachspeise."
„Ah ja, genau, stimmt." „Scheiße, ich muss aufs Klo."

Meine Frau und ich schauen uns an und lächeln.
Es soll unser Abend werden.
Wir wollen ihn genießen und beschließen wortlos,
unsere unmittelbare Umgebung einfach auszublenden.
Da melden sich die vier Damen an unserem Tisch:
„Ja, spinnst du! Schau, wie sich die verbiegt.
Da tut mir ja schon von hinschaun das Kreuz weh.
Was meinst, wie lang die das wohl machen können.
Mit 30 sind die doch körperlich ruiniert.
Du sag einmal, gehst du nächste Woch wieder mit zum Turnen?
Grad vor den Feiertagen, da möchte ich schon noch ein bisserl was tun. Du, die Renate war fei schon lang nicht mehr beim Turnen.
Hast du was ghört? Was isn da los?
Warum kommt denn die Renate nicht mehr zum Turnen?"

Sie flüstern. Aber sie flüstern sehr laut.
Ich glaube, auch die Künstlerin auf der Bühne hat gehört,
dass an unserem Tisch eben jemand meint, er würde flüstern.
Ich versuche, mich auf meinem rechten Ohr taub zu stellen.
Da meldet sich auf meinem linken der vollbärtige Papa
mit seinem süßen Kind. Er will sicher nicht stören.
Er möchte einfach nur seiner Begeisterung Ausdruck verleihen:
„Kuck mal Sophie, die macht einen Spagat.
Das kannst du sicher auch bald,
wenn du so weitermachst in deiner HipHop-Dance-Gruppe.
Gefällt's dir? Also, ich finde, das ist der schönste Zirkus ever.
Findest du nicht auch, dass das einer der schönsten Momente in unserem Leben ist? Ich bin so dankbar, dass wir das gemeinsam erleben. Du bist für mich das größte Geschenk ever.
Weißt du das? Ich brauch gar nichts zu Weihnachten.
Komm, wir machen ein Selfie.
Ach, kuck mal, wie süß du aussiehst.
Weißt du eigentlich, wie schön du bist? Du bist das schönste Mädchen ever. Du könntest problemlos modeln. Oder Schauspiel?
Soll ich dich mal anmelden bei einer Agentur?
Die nehmen dich sofort."

Meine Frau nimmt meine Hand und drückt sie, als wolle sie sagen:
„Es ist doch schön, dass es heute so viele Eltern gibt, die es als ihre oberste Lebensaufgabe verstehen, ihre Kinder zu den besten und glücklichsten Menschen auf Erden zu machen." Ich drücke ihr ebenfalls die Hand, als wollte ich sagen:
„Ich weiß nicht, ob ein Kind glücklich wird,
indem man ihm ständig mitteilt, wie glücklich man selber ist."

Eine, der vier Damen am Tisch hat die Aktion mit dem Selfie
beobachtet und spürt nun das dringende Bedürfnis,
eben selbiges zu tun.

„Mei, ich stell mich schon wieder so an.
Wie gehtn das mit dem Selfie? Jetzt hab ich schon wieder vergessen, wo ich da draufdrücken muss. Hilde, jetzt hilf mir mal.
Ah ja, genau, danke.
Mensch, jetzt bin ich beim Handy wieder irgendwo an der Seite hingekommen. Jetzt ist schon wieder das ganze Bildl weg.
Ah, jetza! Wie hastn das jetzt gemacht?
Mei, ich muss mich endlich mal mehr mit dem Teil auseinandersetzen. Das gibt's ja nicht,
dass ich mich da jedesmal so dermaßen anstell."

Ich möchte mich zu einer der Damen beugen und ihr mitteilen,
dass es kurz vor der Vorstellung eine Durchsage gab,
das Fotografieren zu unterlassen und die Mobiltelefone auf Flugmodus zu stellen. Ich ahne, dass es doch einige Zeit in Anspruch nehmen würde, der Dame die Funktion „Flugmodus" zu erklären und versuche, meinen Fokus wieder auf die Bühnenkunst zu legen.

Drei Clowns betreten die Bühne und das süße Kind des Vollbartpapas muss lachen.
Das macht den jungen Vater sehr glücklich und er lacht auch.
„Das sind die lustigsten Clowns ever!
Es ist so schön, mit dir gemeinsam zu lachen.
Wir werden diesen Abend nie vergessen, weißt du das?"

Die Betriebsweihnachtsfeier funkt dazwischen:
„Hey, soll das jetzt witzig sein, oder was?
Gott, ist das bescheuert. Sind wir hier im Kindergarten, oder wie?"

Dann wieder der Vater:
„Ja, jetzt hat der eine Clown den andern gehaun. Aber weißt du, der haut den gar nicht richtig. Der schlägt nur ganz knapp an der Wange vorbei und hinter der Bühne steht einer, der macht dann

das Geräusch dazu. Die haun sich gar nicht wirklich. In Wirklichkeit haben die sich ganz toll lieb und haben richtig viel Spaß. Hast du auch Spaß? Ja? Du, das ist so schön."

Die Betriebsweihnachtsfeier:
„Boah, ist das schwul!! Der soll ihm mal richtig eine reinhaun, dann ist Ruh! Du? Wo isn da das Klo?"
Irgendwann ist Pause.
Die halbe Betriebsweihnachtsfeier irrt jetzt durch das Zelt und sucht hilflos und verzweifelt nach der Toilette.

Meine Frau müsste auch aufs Klo. Und auch ich spüre die Limitiertheit meiner Blase. Wir würden die Toilette auch problemlos finden, weil wir noch ausreichend nüchtern sind, um die Hinweisschilder mit den beiden Großbuchstaben „W" und „C" zu erkennen.
Aber die Vorstellung, dass uns wohl die halbe Betriebsweihnachtsfeier folgen würde, sobald sie entdeckt,
dass hier jemand vom Nebentisch ortskundig ist, bringt uns dazu, doch lieber auf weitere Getränke zu verzichten und diverse Atemübungen zu machen, die den Körper von seinen eigentlichen Bedürfnissen ablenken.

Unsere vier Damen am Tisch beobachten ebenfalls das hilflose Treiben und kommentieren es argwöhnisch:
„Das ist eine unangenehme Gesellschaft, ha?
Die ganze Zeit haben die ihr Maul offen gehabt.
Dass man da mal für einen Moment bloß schaut und genießt …
Wie man nur so daneben sein kann?
Die haben nicht einmal geklatscht.
Die sind ja alle betrunken. Ja freilich sind die betrunken!
Die haben alle ein Weißbier nach dem andern.
Das treibt natürlich, das Weißbier. Und jetzt rennens.
Und das, in diesem feinen Rahmen. Unmöglich ist das."

Der beste Vollbartpapa der Welt
macht eine fürchterliche Entdeckung: „Oh Gott!
Sophie, du hast ja vom Hauptgang so gut wie nix angerührt.
Hat's dir nicht geschmeckt? Wie? Da waren so Stückchen drin?
So Stückchen? Da hab ich jetzt gar nicht so drauf geachtet.
Na klar, wenn da Stückchen drin sind …
Das ist jetzt echt meine Schuld, weißt du.
Schatzi, kannst du mir das nochmal verzeihen?
Das ist für mich der peinlichste Moment ever."

Der zweite Teil der Show beginnt mit einer
spektakulären Jonglage-Nummer. Damit bietet sich den Damen
am Tisch ein völlig neues Themenspektrum:
„Ja, leck mich am Arsch! Wie viel Kugeln sind das jetzt?
Hast du mitzählt? Mei, dass man sowas lernen kann!
Die machen wahrscheinlich sonst den ganzen Tag nix anders.
Ja freilich, das musst ja, sonst kriegst du ja die Perfektion
gar nicht hin. Was da für eine Arbeit drinsteckt.
Für einen Auftritt von grad einmal fünf Minuten.
Was wird nachad so einer verdienen?
Nach Stunden werden die sicher nicht abgerechnet.
Jetzt rechne das einmal durch:
Wie viel Leut werden das da herin sein?
Ich bin mit dem Schätzen immer so schlecht.
1000 werdens schon sein, was meinst?
Jeder hat im Schnitt 80 Euro zahlt, dann tust 40 fürs Menü weg.
40 mal 1000 … das sind ja dann … Du, das ist fei nicht wenig!
Aber das haben die sich auch verdient.
Bis du da einmal so weit bist, dass du diese Perfektion hinkriegst.
Während der Ausbildung musst ja auch von irgendwas leben.
Da gibt's wahrscheinlich so eine Art Künstler-Bafög oder sowas?
Aber immer unterwegs sein …
Wo sind die dann untergebracht? In so Wohnwägen, ha?

So kurz vor Weihnachten sind die da in der Weltgeschichte unterwegs. Das wär ja nix für mich. Vielleicht haben die ja sogar ihre Familien dabei? Wenigstens ein paar? D'Mama oder so?
Weil sonst hältst das ja gar nicht aus."

Ich habe es aufgegeben, der Bühnenshow folgen zu wollen und beschließe, meine nähere Umgebung ungefiltert in mich eindringen zu lassen.
Vielleicht ist ja was dabei, das man später mal in einer Bühnennummer verwerten oder zumindest in einem Text verwursten könnte.

Von der Betriebsweihnachtsfeier habe ich tatsächlich schon länger nichts mehr gehört. Ich sehe mich um und stelle fest,
die eine Hälfte der Gesellschaft stiert röchelnd vor sich hin oder schläft und die andere Hälfte stolpert noch immer irrlichternd durch das Zelt und findet, seit der Pause,
nicht mehr zurück an den Sitzplatz.
Die süße kleine Sophie hat sich in den Bart ihres Vaters gekuschelt und macht ein zufriedenes Nickerchen.
Das zufriedenste Nickerchen ever.

Nur unser Damenquartett bleibt weiter unverändert bei der Sache:
„Schau hin! Jetzt holens einen Zuschauer ausm Publikum.
Ach ge, der ghört doch zu der ganzen Truppe dazu.
Das haben die doch vorher ausgemacht. Das glaub ich nicht.
Der wird sich da den ganzen Abend reinsetzen und warten,
bis er drankommt. Mei, ich tät ja sterben … Um Gotteswillen!
Mei, gut, dass wir ganz hinten sitzen.
Stell dir das einmal vor, wir hätten einen Platz da vorn.
Gut, dass wir früh genug reserviert haben und geschaut haben,
dass wir einen Platz ganz hinten kriegen.
Da in den ersten Reihen, zwei Stund, ohne Menü
und dann darfst auch noch auf der Bühne mitarbeiten.

Ich tät ja mein Geld zurückverlangen.
Aber andererseits, wer ist denn so blöd und reserviert sich einen Platz da ganz vorn? Wahrscheinlich war nichts anderes mehr frei. Weil's immer alle aufn letzten Drücker auf die Idee kommen, dass sie vielleicht noch kurz vor Weihnachten in den Zirkus gehen wollen. Dann gehört's ihnen aber auch echt nicht anders, weißt."

Die Vorstellung endet mit einem Finale furioso.
Fast alle Zuschauer erheben sich von ihren Sitzen, jubeln, trampeln und pfeifen. Die Betriebsweihnachtsfeier ist wieder vollzählig auf ihren Plätzen. Und sie bleiben alle sitzen. Auch Klatschen oder sonst eine körperliche Betätigung erscheint gänzlich unmöglich.
Sie sitzen nur da und starren röchelnd vor sich hin.
Vereinzelt werden, per Handzeichen, weitere Hefeweizen geordert.

Der beste Papa der Welt drängt mit seiner Kleinen vor zur Bühne.
„Wir machen noch ein paar Selfies mit den Künstlern,
dann freuen die sich. Und die stellen wir dann auch gleich in die Whatsapp-Gruppe vom Hort.
Du, das werden die schönsten Selfies ever."
Von der Betriebsweihnachtsfeier hört man jemand grunzen:
„Bist du schon mal nach einem Heimspiel von den Bayern in der Allianzarena aus der Tiefgarage gefahren? Zum Kotzen."

Und auch unsere Damen haben noch ein letztes Schmankerl für mich parat. Meine Frau meint noch am nächsten Tag zu mir, ich sollte das bitte nicht aufschreiben, es wäre doch zu flach und untenrum. Ich bin da allerdings anderer Meinung und finde, auch dieser Höhepunkt soll dem Leser nicht vorenthalten bleiben.
Eine Dame erhebt also ihre Stimme und meint:
„Mei, mich bläht's schon wieder so!
Ich kann's ja kaum noch halten.
Ich hab viel zu viel Brot und dann noch der Weißwein dazu.

Ich werd auch nicht mehr gescheiter. Das weiß ich doch ganz genau, dass es mich da bläht. Bläht's euch auch so?
Ja, schon gell? Ja, da bläht's uns alle.
Bei dem Essen und der Aufregung und diesen starken Eindrücken.
Und jetzt wieder runter zur U-Bahn. Mei, da grausts mir jetzt schon.
Wenn die jetzt alle zur U-Bahn rennen.
Da steigt's mir jetzt schon wieder ganz heiß auf.
Aber mei, vielleicht kriegen wir ja ein Abteil für uns."

Alle wollen sofort zahlen. Die Getränke waren im Menüpreis nicht enthalten. Das erfahren jetzt auch die Mitglieder der Betriebsweihnachtsfeier. Der Chef hatte nur für die Show und das Essen bezahlt. Schlagartig ist alles wieder nüchtern. Einige beginnen zu murren, aber die meisten sehen ein, dass ja die Eintrittskarten schon ziemlich teuer waren. Dann erfahren alle erstmalig die Preise für die Getränke und nun bricht sich doch ein kollektives Entsetzen ihre Bahn. Halsabschneider wären das hier. Das Essen wäre nur Dreck, die Show wäre nur scheiße gewesen und der Weg zu den Toiletten verdammt schlecht ausgeschildert. Die Kellner bekommen die volle Breitseite und keinen Cent Trinkgeld.

Am Ausgang stehen die vier Damen und suchen jetzt schon verzweifelt die U-Bahn auf Google-Maps.
Das Zelt leert sich.
Die Stühle werden hochgestellt für das Reinigungspersonal.
Auch die Künstler würden jetzt gerne endlich die Bühne verlassen.
Aber da ist noch dieser nervige Papa, der nicht gehen will, bevor er nicht mit jedem Künstler und seiner Tochter ein Selfie hat.

Meine Frau und ich schauen uns nur an und wir sind uns einig:
„Das war der unglaublichste Abend ever."

Sonntag, 22. Dezember

Das echte Christkind

Heute hatte meine Frau eine schreckliche Begegnung.
D.h. für sie war es eher eine erfreuliche Angelegenheit.
Aber für mich ist es ganz schrecklich, dass sie diese Begegnung hatte. So sehr hatte ich mir gewünscht, dass dieser Kelch an mir vorübergehen würde.
Aber einmal mehr sollte mir das Schicksal die Zunge zeigen.

Sie hat K. getroffen. Meine Frau wusste bis jetzt nichts von der Weihnachtspost, die mir K. geschickt hat.
Ich habe den Brief gut versteckt. Niemals würde ich auf diesen Brief antworten. Ich werfe ihn aber auch nicht weg, sondern lese ihn sogar hin und wieder heimlich, denn irgendwie streichelt er mein Ego.

Ich sage: „Hey, so eine Überraschung.
Du hast also K. getroffen. Wie geht's ihr denn?"
„Du, ganz gut. Sie hat mir erzählt, sie hätte dir geschrieben.
Sie würde gerne wissen, ob der Brief bei dir angekommen ist."
„Äääh." Meine Frau merkt es sofort, wenn ich nach einer Ausrede suche. Also spart sie uns beiden die Zeit und macht gleich weiter:
„Was hat sie dir denn geschrieben?
Sie meinte, ich dürfe das gerne auch lesen."
„Äääh." Erneut wählt sie eine Abkürzung.
„Jetzt gib schon her!" Ich reiche ihr den Brief, sie liest ihn.
„Erstaunlich. Sie schreibt dir einen ganzen Brief, weil du nur einen Satz zu ihr gesagt hast. Hast du das wirklich zu ihr gesagt?"
Ich erwarte, dass sie mir jetzt eine Szene macht, aber es kommt noch schlimmer:

„Da musst du schon reagieren. Da ist doch nichts Verfängliches dabei. Schreib ihr doch bitte. Sie hat sich so viel Mühe gemacht."
„Es ist jetzt aber viel zu spät für Weihnachtspost!"
„Och komm. Schau mal, was für eine schöne Handschrift die hat. So schön schreibt man heute nur noch in buddhistischen Klöstern. Wir können das ja auch gemeinsam machen."

Ich lasse mich seitlich vom Stuhl fallen und täusche einen Wadenkrampf vor. Das beherrsche ich seit meiner Zeit im Jugendblasorchester. Damit hatte ich stets die Aufmerksamkeit aller Querflötistinnen auf meiner Seite.
Meine Frau muss lachen und meint:
„Wenn man einen Wadenkrampf vortäuscht,
hält man sich nicht den Bauch. Und man macht dabei auch keine Furzgeräusche." Verdammt, sie hat recht.

Mit peinlich gerötetem Gesicht setze ich mich wieder auf den Stuhl.
Ich werde bockig. Ich möchte keinen Brief schreiben.
Schon gar nicht handschriftlich.
Meine Frau legt demonstrativ ein Stück Pergament vor mich auf den Tisch. Dazu legt sie einen Federkiel und stellt ein Tintenfass daneben. Keine Ahnung, woher sie das Zeug plötzlich hat. Wahrscheinlich hat sie es besorgt, gleich nachdem sie K. getroffen hatte. Ihre Entscheidung stand also schon längst fest.
Schon lange vor unserem Gespräch.

Ein ernster Trotz überkommt mich.
Ich kenne ihn noch sehr gut aus meiner frühen Lebensphase.
In solchen Situationen trug ich meistens ein Wolpertinger-Kostüm und drosch auf Orff-Instrumenten herum.
Und genau dieser Trotz überkommt mich nun mit voller Wucht.
Es ist ein Impuls, den ich nicht mehr steuern kann.

Eh' ich mich versehe, beiße ich vom Federkiel die Spitze ab,
spüle ihn mit der Tinte hinunter und brülle: „Oh, Fortuna!"

Meine Frau und ich schauen uns fassungslos an.
Was habe ich nur getan? Eh' ich eine Erklärung finde,
überkommt mich auch schon der nächste Impuls.
Ich renne zum Klo und muss mich schrecklich übergeben.

Ich schleppe mich zurück ins Wohnzimmer und gebe mich
geschlagen: „O.K. Du hast gewonnen.
Gib mir das Pergament, gib mir einen neuen Federkiel und Tinte."
Meine Frau: „Das Fass ist leer." Darauf ich: „Dann eben Balsamico."
„In Ordnung. Aber wisch dir bitte den Mund ab,
du siehst aus wie Marilyn Manson nach dem Frühstück."
Ich wische mir den Mund ab
und meine Frau reicht mir ein neues Stück Pergament.
Ich stelle fest: so neu ist dieses Pergament gar nicht.
Auf der Rückseite ist es bereits beschriftet.
Ich drehe es um und sehe:
Es ist der Wunschzettel meiner Kinder an das Christkind.

Meine Frau schreit auf:
„Ach, da ist der!" Sie reißt ihn mir aus den Händen, überfliegt ihn
und stellt fest: gut die Hälfte der Geschenke ist noch nicht besorgt.
Die Panik bricht aus, aber diese Panik rettet mich.
Sie rettet mich vor meiner Weihnachtspost.

Denn Weihnachten ist nun mal das Fest der Kinder.
Und „mit Kindern ist Weihnachten nochmal so schön."
Diesen vielgebrauchten und schon sehr abgedroschenen Satz kann
ich nur bestätigen. Gerade jetzt.
Dieser Zauber und dieser Glanz in den Augen der eigenen Brut.
Dieses Strahlen und dieses Urvertrauen in das Gute und Schöne in

der Welt. Und der Erwachsene ist erst ein wenig neidisch und taucht dann aber mit ein, weil er sich an die eigene Kindheit erinnert und zumindest für heute einen Bruchteil davon wieder haben will.
Oder weil man in der Kindheit eben nur grausame Weihnachten erlebt hatte und dieses Fest mit den eigenen Kindern endlich von allem Erinnerungsschmutz reinwaschen will.

Ich will ganz und gar in meine kindliche Traumwelt abgleiten.
Unterstützt von den Gesängen von Peter Alexander.
Diese einzigartig samtene, alles umschmeichelnde Stimme.
Da kann es draußen noch so warm, so grau, so matschig sein.
Wenn ich Peter Alexander höre, dann liegt in meinen Herzen meterhoher Schnee und darüber fahren Schlitten mit rotwangigen Menschen und bimmelnden Glöckchen und irgendwo liegt ein freundlicher Braunbär vor einem Kamin und lädt mich ein, mich zu ihm zu kuscheln.

Meine Kinder sind da meinem Wesen nicht unähnlich.
Sie glauben sogar nach wie vor ganz fest ans Christkind.
„Das Christkind kommt hernieder auf die Erde,
nimmt die Wunschzettel der Kinder mit
und die Engelein im Himmel bauen die Geschenke zusammen."
Das glauben sie, aus tiefster Überzeugung und
weil sie's einfach glauben wollen.

Ich weiß genau, wie ich noch im letzten Jahr an Weihnachten, zur Bescherung, zu den beiden gesagt habe:
„Gott, ist das naiv. Hallo! Ich kauf das!"
Entschuldigung! Die beiden Herren sind alt genug.
Die gehen bald aus dem Haus! Da darf man doch mal ehrlich sein.
Bald werde ich Großvater und dann bekommen meine Enkel an Weihnachten keine Geschenke, mit der Begründung:

„Das erledigt ja wohl das Christkind."
Da darf ich schon mal ein paar deutliche Worte verlieren,
im Dienste der kommenden Generationen.

Meine Söhne interessiert das aber nicht.
Ich bekomme nur die Antwort: „Jaja schon.
Aber die echten Geschenke bringt das Christkind."
Worauf ich erwidere: „Das ist ein Schmarrn.
Dann hätte das Christkind alles besorgt und die Mama und ich hätten alles noch mal gekauft. Dann hättet ihr jedes Geschenk doppelt. Meint ihr, wir sind blöd?" Antwort: „Ja."

Ich gebe aber nicht auf: „Langsam, Freunde.
Die beiden Computer, mit Intel-7-Prozessor,
1-Terabyte-Festplattenspeicher und 16-Zoll-Bildschirm,
die ihr im letzten Jahr bekommen habt. Ihr glaubt doch nicht im Ernst, dass das Zeug von den Engelein vom Christkind zusammengeschraubt wurde!"

„O.K., Papa. Stimmt, du hast recht. Das war der Nikolaus."
„Aha. Den gibt's also auch in echt?"
„Natürlich gibt's den Nikolaus in echt."
„Der Typ ist von der katholischen Landjugend und seit vielen Jahren nicht in der Lage, auch nur einen Vers, den ich ihm in sein goldenes Buch gelegt habe, fehlerfrei vorzulesen!"
„Dann arbeitet der Nikolaus am 6. Dezember eben für die katholische Landjugend."
„Ah, ich verstehe. Und den Rest des Jahres hockt er im Himmel und wartet auf seinen Einsatz. Genau, wie das Christkind.
Dann sind das vielleicht sogar Nachbarn da droben.
Da stehn quasi zwei Werkstätten nebeneinander im Himmel.
Der Obi und der Hagebaumarkt! Urbi et Obi, oder was?!"
„Ja so ungefähr."

Ich habe alles versucht. Und ich habe den leisen Verdacht:
Die machen das mit Absicht. Die wissen genau, was sie da machen.
Nur, um mich auf die Palme zu bringen.
Um mir meine Vorfreude zu zerdeppern.
Sämtliche Kontoauszüge der letzten 20 Jahre habe ich auf den Tisch gelegt. Ich habe eindeutig belegt, dass ich jedes Geschenk selbst bezahlt und unter Blut, Schweiß und Tränen sauer erwirtschaftet hatte, nur um die Wünsche meiner Brut zu befriedigen.

Null Erfolg!
Meine Frau, meine Eltern, mein Bruder und seine Frau flehen mich an, doch jetzt endlich mal meine Beweisführung zum Ende zu bringen. Es sei schließlich Weihnachten, außerdem hätte man jetzt Hunger und würde gerne mit dem Gelage beginnen.

Nicht mit mir. Nicht, bevor hier alle Einzelheiten geklärt sind.
Meine Mutter: „Lass sie doch.
Es ist doch schön, wenn die das glauben wollen."
Na, die hätte ich mal erleben wollen, wenn ich ihr damals
als 20-Jähriger was vom „echten Christkind" erzählt hätte.
Sie hätte mir womöglich nachspioniert,
ob ich vielleicht noch Daumen lutsche,
heimlich mit Lego spiele oder Pumuckl-Kassetten höre.

Nebenbei bemerkt: Kürzlich habe ich eine Pumuckl-Kassette gehört.
Ich konnte nicht einschlafen. Das tut hier aber nichts zur Sache.

Meine Frau: „Schatz, das ist doch albern.
Ich finde das auch schön, dass die noch ans Christkind glauben.
Sei doch froh. Woanders gibt's Menschen, die glauben, die Dinosaurier wären ausgestorben, weil sie's nicht mehr rechtzeitig auf die Arche Noah geschafft haben. Dann doch lieber so."

„Das sind Amerikaner, die das glauben! Da wundert mich nix!
Die haben einen grenzdebilen Schiffschaukelbremser zu ihrem Präsidenten gewählt! Für die befindet sich der Garten Eden in Disneyland! Die sind nicht ganz dicht!
Aber das hier, das sind meine Söhne!
Humanistisch, bajuwarisch gebildete Menschen.
Weißt du, mir stinkt das einfach!
Jahr für Jahr darf ich mir den Hintern abarbeiten,
nur um eure Wünsche zu befriedigen.
Und dann kommt so ein windiges Christkindl daher
und ist plötzlich der große Zampano!"

Darauf meine Söhne:
„Moment Papa. Du hast gesagt: es gibt kein Christkind!"
„So war das nicht gemeint!" Ich bin verzweifelt und entkräftet.
Erschöpft und ermattet lasse ich mich auf der Couch nieder.
Meine Frau legt Peter Alexander ein.
Das macht sie sonst niemals freiwillig.
Eigentlich nur, wenn ich Querflöte übe.

Die Stimme erklingt:
„Still, still, still, weil's Kindlein schlafen will."
Ich sehe meterhohen Schnee, rotwangige Menschen.
„Maria tut es niedersingen, ihre keusche Brust darbringen."
Ja, ich hab es deutlich vor Augen. Ich schau aber weg,
weil ich ein anständiger Mensch bin.
„die Englein tun schön musizieren, vor dem Kindlein jubilieren."
Ja! Peter Alexander wusste, was er da singt!
Nichts klingt überzeugender.
„Schlaf, schlaf, schlaf, mein liebes Kindlein schlaf."
Ja, jetzt glaube ich es auch! Meine Söhne haben recht!
Das Christkind gibt es. In jedem Fall, bis Ostern.

Montag, 23. Dezember

Der französische Fluch

Die kindliche Aufregung in mir meldet sich.
Nur noch 24 Stunden, dann ist es so weit.
Ich hatte mir heimlich einen billigen Schokoweihnachtskalender,
so wie ich ihn von früher kenne, vom Supermarkt besorgt
und ihn in meiner untersten Schreibtischschublade,
unter den Reisepässen und dem Familienstammbuch versteckt.
Meine Frau weiß, dass ich ihn dort verstecke.
Wir haben aber die stille Vereinbarung getroffen,
dass sie nichts davon weiß und schon gar nicht vor den Kindern.
Es würde mir den letzten Funken von väterlicher Autorität rauben.

Heute ist ein Engel mit einer Flöte drin.
Er schmeckt mir ganz vorzüglich. Ich weiß, dass er aus der
gleichen billigen Schokomasse gemacht wurde, wie alle anderen
22 Schokoladenfiguren davor. Aber dennoch habe ich das sichere
Gefühl, als Engel mit Flöte schmeckt das Zeug eindeutig besser,
im Vergleich zu Schlitten, Glöckchen, Tannenbaum etc. …
Langsam lasse ich den Flötenengel auf meiner Zunge zergehen.
Was wird wohl morgen drinnen sein?
Ein Stern? Eine Krippe? Das Christkind daselbst?
Ich gebe zu, ich habe natürlich schon ein bisschen durch das letzte
Türchen geschaut und ich weiß auch, was sich dahinter verbirgt.
Aber ich verschweige es vor mir selbst,
um mir die Überraschung nicht zu nehmen.
Ach, ich platze fast vor Neugier
und schäme mich auch ein bisschen dafür.

Denn es gibt ja auch Leute,
für die Weihnachten nicht so positiv belegt ist wie bei mir.
Ich denke an den Gute-Laune-Moderator.
Fünf Tage ist es nun her, dass ich ihn so bitter enttäuschen musste.
Er hatte mir einfach die falsche Frage gestellt.
Wie es denn wäre, wenn einem die eigene Endlichkeit bewusst wird.
Das fragt der mich, im Radio, quasi vor Publikum. Schön blöd.
Aber bald ist Weihnachten und da hätte ich schon etwas sensibler
und empathischer sein müssen.

Ich hätte sagen sollen: „Natürlich wird einem Mann in unserem
Alter das eigene Ende immer bewusster. Die vergangenen Tage sind
vermutlich mehr als die, die noch auf uns warten.
Aber möchte ich heute noch einmal jung sein? Nein.
Mal ehrlich, wir hatten damals die bessere Musik,
die cooleren Klamotten und wussten noch, wie man richtig feiert.
Es ist gut, dass wir das alles erleben durften.
Ich denke mir, die Mädels, auf die wir damals scharf waren,
sehen heute auch nicht besser aus als wir.
Weißt du, ich sage mir immer:
Das Alter ist gerecht, es erwischt jeden."

Was für ein verlogener Quatsch!
Aber es hätte ihn getröstet, ich weiß das.
Ich kenne diese Typen, die denken, Mode und Musik hätten sich nicht mehr weiterentwickelt, ab dem Zeitpunkt, an dem man begonnen hat, ewig die gleichen Songs zu hören und die gleichen Klamotten zu tragen. Genau so einer ist dieser Moderator.

Ich hätte ihn noch fragen sollen, ob man hier noch irgendwo rauchen darf. Die verqualmten Kneipen aus unserer Vergangenheit hätte ich noch einmal hochleben lassen sollen. Dann wäre ich mit ihm auf seinen kleinen Studiobalkon gegangen und hätte mich

nach über 10 Jahren mal wieder zu einer Zigarette gezwungen.
Nur aus Solidarität. Mir wäre schwindelig geworden und schlecht,
aber ich hätte es durchziehen sollen.
Einfach nur, um diesem Typen ein gutes Gefühl zu geben.

Der Schoko-Flötenengel auf meiner Zunge hat sich nun fast aufgelöst. Und er schmeckt jetzt doch leicht bittersüß, fast schon ranzig. Zum Glück habe ich ja auch noch den selbstgemachten Adventskalender. So einen, wie man ihn eben heutzutage hat, als normaler, moderner erwachsener Ehemann, der eine Frau hat, die so einen Kalender basteln kann.

Es sind Zweige, an denen rote Filz-Beutelchen hängen,
die wir uns gegenseitig befüllen.
Ich bin zuständig für die geraden Tage.
Meine Frau bestückt ihren Part schon vor Ende November.
An den ungeraden Tagen bekomme ich spezielle Pralinen,
mal einen schönen Kugelschreiber, Manschettenknöpfe,
witzige Quietscheentchen, einen Daumenkinofilm
über ein besoffenes Rotkäppchen …
immer was Besonderes und jedes Mal eine kleine Überraschung.

Das setzt mich unter Druck,
denn ich plane bestenfalls einen Tag im Voraus.
Aber ich schaffe es dann doch. Es gibt keinen geraden Tag,
an dem ein Beutelchen für meine Frau unbestückt bleibt.
Ihr meistgebrauchter Satz in der Adventszeit lautet:
„Hey, schon wieder eine Wäscheklammer.“ Ich bilde mir ein,
dass da tatsächlich ein Hauch von Freude mitschwingt.

Aber ansonsten bin ich jetzt ganz entspannt und mit mir im Reinen.
Morgen ist es so weit und es gibt keine offenen Fragen mehr.
Auch deshalb, weil wir einem über Jahre entwickelten,

komplett durchritualisierten Plan folgen.
Einen wesentlichen Punkt markiert dabei die Speisenfolge.

„Was esst ihr eigentlich an Weihnachten?“
Diese Frage kann ich schnell und zügig beantworten,
denn unser Weihnachtsessen ist über die Jahrzehnte immer
das Gleiche geblieben. „Wir essen heißen Stein!“,
antworte ich und genieße dabei die meist erschreckten Gesichter
meiner Gesprächspartner und deren Kopfkino.
Und ich füge dann gerne hinzu:
„Ja, wir legen Kieselsteine in einen Kochtopf oder braten sie in der Pfanne schön knusprig, mit einem ganz speziellen Olivenöl aus der Toskana, damit sie innen schön weich werden.
Und dann wird das Ganze mit Kartoffelsalat serviert.
Mit Gurken im Kartoffelsalat, damit das Zeug besser rutscht.
Gegen einen heißen Stein ist jedes Knackwürstchen einfach nur lächerlich.“

Heißer Stein, das ist so ähnlich wie Fondue oder Raclette.
Man legt das Fleisch oder Gemüse aber nicht auf ein Schälchen oder steckt es auf ein Spießchen, sondern legt es eben auf einen heißen Stein.

Ich gebe allerdings zu: wenn ich meine Gedanken an dieses Mahl weiter vertiefe, dann beneide ich all jene, die an Heiligabend nur Knackwürstchen oder ein Wiener Schnitzel mit Kartoffelsalat kredenzen.

Denn „heißer Stein“, das bedeutet auch räumliche Not.
Um es genauer zu sagen: der ganze Tisch ist völlig überladen mit allerlei Getier, Gemüse und Gesoße.
Zwischen den Schälchen ist praktisch kein Millimeter Freiraum mehr zu finden. Das passt alles genau ineinander.

Ein Puzzle, das die Firma Ravensburger erst noch erfinden muss.
Neuschwanstein in tausend Teilen ist dagegen einfach nur ein Witz.

Und dieses Schälchen-Puzzle wirft noch weitere Probleme auf:
Wo jetzt noch hin mit den Getränken?
Wo ist noch Platz für Brot? Die große Salatschüssel!
Bist du wahnsinnig? Stell sie am besten gleich auf den Kompost!

Jedes Mal sehe ich mich konfrontiert mit einer Reizflut,
die mich immer wieder aufs Neue überfordert.
Mittlerweile bin ich überzeugt: daran kann man sterben.
Tot, mit dem Gesicht auf dem Raclette.
Sieht blöd aus, ist aber denkbar.
Und wenn ich diesen Abend doch lebend überstehe,
dann überkommt mich schon die nächste Panik,
bei dem Gedanken an den Silvesterabend:
denn da gibt es das Gleiche nochmal.

Heißer Stein. Wieso überfordert er mich so sehr?
Warum ist das so? Ich glaube, es liegt an meiner Erbsubstanz.
Ich denke, es ist etwas, das tief drin steckt im bayerischen Ur-Gen:
„Der Bayer will beim ersten Anblick seiner Mahlzeit abschätzen
können, wann er's erledigt hat."
Früher gab es zu Weihnachten in jedem Haus einfach nur Würste.
Ich glaube, es war sogar eine Vorschrift.
Ja genau. Es handelte sich um eine Verordnung des Prinzregenten
und jeder hatte sich daran zu halten.
Und dabei war klar: Für drei Würste brauch ich exakt
eine Minute und 10 Sekunden und ich habe vollstes Verständnis
für die Übelkeit, die mich anschließend so mächtig überkommt.

Beim „heißen Stein" ist kein Ende in Sicht.
Und das bedeutet für jeden Bayern den sicheren Untergang,

denn da lässt sich beim besten Willen nichts mehr abschätzen.
Weder Menge, noch Zeit, noch Sättigungsgrad!

Und dazu gesellt sich noch ein weiterer ureigener bayerischer Reflex, der ebenfalls in unserer DNA tief verankert sein dürfte: „Der plötzliche Futterneid, beim Anblick einer unüberschaubaren Auswahl an Speisen."

Es interessiert uns nicht, ob viel genug für alle da ist!
Wir wollen wissen, ob der andere mehr erwischt als ich!?
Wir brauchen den freien Wettbewerb, sonst bleibt uns jeder Genuss verwehrt. Und außerdem: Was heißt schon Genuss?
Auf deutschem Boden genießt man nicht.
Auf deutschem Boden wird etwas erledigt!
Wir essen nicht, bis wir satt sind, nein, wir fressen,
bis wir gewonnen haben. Und wenn wir verlieren,
dann ist der Bundestrainer schuld oder die Kanzlerin.

Wir wollen Sieger sein.
Beim „Heißen Stein" ist aber leider keine Ziellinie in Sicht und
deshalb machen wir gnadenlos weiter bis zum Magendurchbruch.
So war es immer und so wird es auf ewig bleiben.
Wenn der Bayer behauptet, er hätte sich's gut gehen lassen,
dann heißt das: Er hat sich hinterher übergeben.
Oder wenigstens hat er eine schlaflose Nacht verbracht,
wegen der viel zu lauten Aktivitäten von Verdauungssäften.

Wie konnte es so weit kommen?
Wer hat uns in dieses Unglück gestürzt?
Heißer Stein, Fondue, Raclette, es kommt aus Frankreich.
Natürlich! Und es passt zum Franzosen, dieses Essen.
Er ist genetisch genau richtig dafür codiert.
Der Code-Napoleon. Er bedeutet Genuss und savoir vivre.

Das widerspricht jeglichem bayerischen Naturell!
Und ich bin mir sicher: der Franzose weiß das!

Ich stelle mir die Geschichte so vor: Es war im Jahre 1871.
Die Franzosen hatten gerade einen Krieg gegen Preußen
und ihre Süddeutschen Verbündeten verloren und mussten
Reparationszahlungen leisten. Dazu gehörten auch Baumaterialien
und Gegenstände des täglichen Lebens.

Ich denke, es war wohl der Racheakt eines französischen Generals,
der die Natur des Bayern kannte.
Er mischte also Raclette, Fondue und heißen Stein unter die
Gegenstände des täglichen Lebens und dachte sich:
„Sie sollen platzön, les Kretins Bavaroises!
Sie sollen fressen, die Tiere, die Gemüse, die Baguette, die Rotwein
in kurzer Zeit mit der ganzen Familie, bis sie platzön! Sie sollen
vernischtet werden mit zu viel Essön. Hahahaha!" auf Französisch:
„Hohohoho!"

Heute haben wir ein sehr gutes Verhältnis zu Frankreich.
Wenn Europa heute überhaupt noch eine Basis hat,
dann Deutschland und Frankreich. Vielleicht wäre es nun endlich
an der Zeit, alle Fondues, Raclettes und heiße Steine an die Grenze
zu tragen und zu sagen: „Liebe Freunde, wir haben verstanden.
Es ist gut jetzt. Nehmt sie wieder zurück."

Dienstag, 24. Dezember

Heiligabend

Die Querflöte ist zusammengeschraubt
und ein Notenständer mit Weihnachtsliedern steht im Raum.
Ich beherrsche natürlich alle Lieder auswendig.
Aber „vom Blatt“ wirkt die Angelegenheit konzertanter.
Ich übe und spiele leidenschaftlich:
„Morgen, Kinder wird's was geben.“
Schon seit den frühen Morgenstunden versuche ich mich an diesem Werk und muss immer wieder an der gleichen Stelle abbrechen.
Bei „… heißa, dann ist Weihnachtstag“ versagt nämlich die Mechanik an meinem alten Instrument und lässt nur Viertelnoten zu.
Schnellere Tonfolgen will das verrostete Ding einfach nicht mehr von sich geben.
Außerdem habe ich einen leichten Krampf in der rechten Wade, weil ich grundsätzlich nur auf einem Bein stehend Querflöte spiele.

Tapfer kämpfe ich weiter und wiederhole die besagte Stelle, in der Hoffnung, die Klappenmechanik doch irgendwie überlisten zu können. Und nochmal: „Morgen, Kinder, wird's was geben …“
Meine Kinder stört das wenig.
Die haben ihre Stöpsel in den Ohren und beschlossen,
bis zum Abend nicht mehr ansprechbar zu sein.

Meine Frau ist tatsächlich eindeutig genervt.
Ich merke das und es kränkt mich:
„Du hasst mein Instrument. Gib es zu!“,
gehe ich sofort in den Angriff über.
„Du hasst es. Nur, weil es alt ist und mehr stöhnt als klingt.“
Darauf meine Frau: „Nein, ich habe nichts gegen dein altes

Eisenrohr. Mich nervt das Lied!“ „Was, bitteschön, ist an diesem Lied so verkehrt?“ „Morgen, Kinder, wird’s nix geben. Morgen ist der Weihnachtstag vorbei!“ Herrgott, sie hat recht.

Wieder einmal hat sie mich mit nur einem Satz entwaffnet. Ich überbrücke meine Suche nach einem Gegenargument mit einem halb-überlegenen „Na und?“, suche dann weiter und entschließe mich zu einem Plädoyer für altdeutsches Liedgut und beende es auf der Querflöte, mit einem Medley aus:
„Im Märzen, der Bauer“, „Oh, du junger Wandersmann“
und „Hoch auf dem gelben Wagen“.
Alles sehr breit vorgetragen und ohne schnelle Tonfolgen.

Jetzt fühle ich mich wieder festlich und freudig berauscht. Während meines Medleys hat meine Frau den Baum von der Terrasse ins Wohnzimmer gewuchtet und herrlich geschmückt. Anschließend hat sie die Zutaten aufgeschnippelt, die wir auf dem „heißen Stein“ braten werden, und diverse Soßen angerührt, Geschenke eingepackt und mit der Krippe, unter den Baum gestellt. Toll, wie sie das macht. Das kann sie einfach. Und ich liebe sie dafür.

Endlich ist auch der Rest der Familie bei uns eingetroffen und es wird Zeit für die Bescherung.
Zuvor wird aber noch gesungen und ich werde begleiten.
GAGE, so nenne ich mein Einkommen als Bühnenmensch.
Und G – A – G – E ist auch die erste Tonfolge von „Stille Nacht“.
Das kann kein Zufall sein!
Aber bereits beim zweiten Ton kommt es zu erheblichen Komplikationen, denn in meinem Übungswahn hatte ich völlig vergessen, mein Instrument zwischendurch zu reinigen und so bleibt nun jede Klappe, die ich einmal gedrückt habe, verschlossen und will sich nicht mehr selbsttätig öffnen.
Zudem werde ich gebeutelt von schlimmsten Wadenkrämpfen.

Resigniert stelle ich auch das zweite Bein auf den Boden
und bin verzweifelt.

Meine Frau setzt sich jetzt ans Klavier und spielt das Lied mit
großem Können und Leidenschaft, auswendig,
garniert mir herrlichsten Improvisationen.
Meine Eltern haben Tränen in den Augen und ich versuche meine
Niederlage durch Gesangeskunst abzumildern.
Auch ich improvisiere und lege ein Vibrato und ein Tremolo in
meine Stimme, die ihresgleichen suchen.
Anschließend reiche ich meiner Gattin gönnerhaft die Hand
und fordere die Familie auf, für sie zu klatschen.
Meine Frau nimmt kommentarlos meine Querflöte,
reinigt sie und verstaut sie zurück in ihren Koffer.
Das hat Würde, das hat Größe. Und auch dafür liebe ich sie.

Nun folgt die Bescherung. Mein Vater bekommt ein Fotobuch und
einen Williamsbirnschnaps. Meine Mutter ein neues Handy,
meine Kinder ein neues Handy.
Meine Frau bekommt einen Gutschein und neue Kopfhörer für das
Handy, die sich aber sofort unser Jüngster krallt.
Ich bekomme, neben ein paar Klamotten,
die mir mein Überleben im Winter sichern werden,
eine Staude Bananen und ein Päckchen Mon Cherie,
mit einem Kärtchen, auf dem steht: „für besinnliche Stunden."
Meine Frau findet das witzig. Ich gebe mich leicht empört,
insgeheim freue ich mich aber darüber
und schäme mich ein bisschen dafür.

Nun öffnet mein Bruder sein Geschenkpaket und ist in Bruchteilen
einer Sekunde der glücklichste Mensch der Welt.
Ich habe ihm vom Flohmarkt ein paar Ergänzungssteinchen
besorgt für seine Domino-Rallye.

Er ist restlos begeistert und hüpft jubelnd durch das Haus.
Ich grinse und erfreue mich daran, wie er versucht,
meine Söhne für die Sache zu begeistern:
„Die Steinchen stellt man hintereinander auf und am Schluss fällt dann alles um. Wenn man das richtig gut macht, bleibt am Ende nix stehen. Eine Kettenreaktion, versteht ihr. Ist das nicht genial?“

Die Begeisterung meiner Kinder hält sich arg in Grenzen
und ich bin sehr stolz auf die beiden.
Meine Söhne haben gerade wichtigeres zu tun.
Sie erklären ihrer Großmutter den Umgang mit dem neuen Handy,
während sie in ihr eigenes neues Handy schauen.
Junge Menschen können so was.
Man nennt es „Multitasking“ und junge Menschen beherrschen das.
Junge Menschen und Frauen.
Bei Frauen halte ich das allerdings für ein eindeutiges Gerücht.

Mein Bruder kniet jetzt allein am Boden und stellt Domino-Steine auf. Auch seine alten Steine hat er wieder aus dem Keller hervorgekramt und offensichtlich hat er beschlossen,
das gesamte Haus damit zu verbauen.
Er ist voller Eifer und voller Sorge. Ständig ermahnt er uns,
uns langsam zu bewegen und ja keinen falschen Schritt zu machen.
Ich frage ihn, ob ich ihm denn helfen dürfe.
Panisch sieht er mich an,
kapiert aber dann meine Anspielung und lacht vorsichtig.

Der „heiße Stein“ kommt nun endlich zum Einsatz.
Meine Söhne stürzen an den Tisch und legen sofort los.
Nach einer viertel Stunde sind sie satt und alle Schüsseln,
die mit Fleisch bestückt waren, sind leergefegt.
Dafür blieben die Schüsseln mit Fenchel, Broccoli und Karotten gänzlich unberührt.

Mein Vater legt jetzt sein Fotobuch zur Seite,
setzt sich zu uns an den „heißen Stein“
und brät sich Broccoli und altes Brot.
Meine Mutter hat noch viele Fragen zu ihrem Handy.
Aber ich bleibe entspannt und glücklich, denn das alles wird
untermalt von der weichen, samtenen Stimme
von Peter Alexander.
Treudoof schaue ich meine nun doch leicht müde und erschöpft
wirkende Liebste an und bin erfüllt von tiefster Zufriedenheit.
Ach, Weihnachten!

Es gibt noch Nachspeise, dann einen Verdauungsschnaps.
Dann Plätzchen und noch einen Verdauungsschnaps.
Heimlich gönne ich mir eine Banane und ein Mon Cherie.
Die gesamte Körperenergie hat sich nun von den Hirnen in die
Bäuche verabschiedet. Man ist schlapp und unendlich dumm.

Alle wollen nun ins Bett.
Nur mein Bruder kniet noch immer am Boden und baut Steinchen
auf. Wir verabschieden uns voneinander und verabreden uns für
den nächsten Vormittag. Wir werden gemeinsam in die Kirche
gehen und anschließend Zeuge sein, wie mein Bruder mit
allerletzter Kraft seine Steinchen umfallen lässt.

Mein Bruder ist ein Held.
Nicht nur, weil er uns mit einem solch großen Spektakel beglücken
will, nein, er hat uns allen schon einmal das Leben gerettet.
Auch diese Geschichte sei hier festgehalten
und soll eine tiefe Verneigung sein
vor seiner Intelligenz und Geistesgegenwart.

Als der Christbaum brannte

Lasst mich einführend feststellen:
Es gibt so Dinge, da ist man sich absolut sicher:
„Uns passiert das nicht!“ Solche Dinge passieren nur den Dummen, den Unvorsichtigen, den besoffenen Assis.
Ein Christbaum brennt niemals, wenn man einfach vorsichtig genug ist. Natürlich verwenden wir echte Kerzen.
Selbstverständlich brauchen wir Wunderkerzen.
Und die Pyrotechnik rund um die Krippe. Natürlich muss das sein!
Alles muss gleichzeitig leuchten und glitzern und britzeln.
Sonst ist das Christkind beleidigt und sucht sich einen anderen Stall. Das Christkind zieht einfach weiter und macht gar nix.
Nicht mal ein Selfie.

Ein Eimer Wasser neben dem Baum? Wozu denn?
Dass Gott von oben sieht: Der Altinger, der hat null Vertrauen, der feige Hund. So einer kriegt auch auf der Wolke Höhenangst … schicken wir ihn besser gleich in die Hölle, wenn er so auf's Löschen steht.

Und: wo stellst du den Eimer hin?
Neben der Krippe vielleicht? Das ist wenig dekorativ.
Wie erklärst du das den Kindern?
„Wisst Ihr, Maria und Josef waren doch sehr reinliche Leute.
Und der Josef, der musste ja zu Fuß von Nazareth bis nach Betlehem neben dem Esel hergehen und es war ja auch heiß und Josef war ja Zimmerer. Und Zimmerer können schwitzen. Mein Gott, wie die Zimmerer schwitzen können … da hat die Maria gesagt:

Mein süßer dicker Stinkebär, bevor der Heiland kommt,
da bist du frisch gebadet!"

Für solche Geschichten waren meine Kinder schon zu alt.
Man hätte noch ein Stück Seife, Handtuch,
Aftershave und Deoroller neben den Eimer legen können.
Dann wären sie eventuell doch ins Grübeln gekommen.
Da bin ich mir aber nicht sicher.

Wozu also der Eimer neben dem Baum?
Es ist ja schon eine Frechheit, dass man diese hässlichen Rauchmelder
an jeder Zimmerdecke anbringen musste.
Nur damit die Firma „Rauchmelder" endlich mal reich wird.

So standen wir beglückt vor dem hellerleuchteten Baum und
sangen falsch. Da begann es im Geäst zu knistern.
Eine uns bisher unbekannte Flamme stieg empor.
Eine lustige kleine Flamme, die aber doch verdammt schnell
unfreundliche Formen annahm.
Es dauerte nicht lange und wir hatten nur noch einen einzigen
Kollektivgedanken: „Josef hätte baden sollen!"

Wir waren fassungslos und gänzlich unfähig zu Handeln.
Wir standen da wie angenagelt und alles, was sich vor unseren
Augen abspielte, erschien uns wie in Zeitlupe.
Das macht das menschliche Gehirn:
In Katastrophensituationen schaltet es einfach um auf Zeitlupe.
Kurz bevor es beginnt, dir noch einmal im Schnelldurchlauf die
Highlights deines Lebens zu zeigen, damit du möglichst entspannt
durch einen Tunnel auf ein helles Licht zugehen kannst,
auf ein großes rosenumranktes schmiedeeisernes Tor,
hinter dem ein dicker, bärtiger Mann im Nachthemd steht …
aber lassen wir das.

Ich war erschrocken und zugleich beeindruckt von der Zeitlupe.
Alles flackerte in Slow Motion.
Nur mein Bruder schien die Sache doch anders wahrzunehmen.
Er schrie uns an. Ich erinnere mich:
Es war ein sehr dumpfes und gedehntes Schreien.
Völlig unverständlich. Es klang ungefähr so:
„Schauauauneedsooobleeduuundtuuwaaas!!!"
Ich beobachtete, wie sich dabei sein Gesicht allmählich lustig
entstellte, wie er dann die Decke vom Sofa riss,
wie er sprang, langsam durch die Luft flog,
schließlich auf dem Baum landete und versuchte,
die Flammen zu ersticken.

Jetzt endlich konnte ich mich aus meiner Zeitlupensequenz lösen
und wieder klar denken und handeln.
Also holte ich einen Eimer Wasser und badete die Heilige Familie.
Besser gesagt: ich spülte sie aus der Krippe.
Auch den Ochsen und den Esel und die Hirten
sowie den Engel des Herrn, der sich noch eben am Krippendach
eingekrallt hatte.

Auch die drei Könige, die hinter der Krippe standen und geduldig
auf ihren Auftritt warteten, wurden von den Wassermassen erfasst.
Heute würde man vielleicht von einer zeitlich unpassenden
Eventtaufe sprechen. Auch mein Bruder, der da noch rumlag,
wurde fernbenetzt.

Mein Bruder, der jetzt ein weiteres Mal schrie,
aber diesmal so, wie ich es von ihm kenne.
Das Feuer war gelöscht. Es war schon längst gelöscht.
Lange, bevor ich mit dem Wassereimer ins Zimmer trat.

Es hatte doch ziemlich gedauert,
erst in die Garage zu laufen, einen Eimer zu suchen
und ihn dann mit Wasser randvoll laufen zu lassen.
Ja, so eine knappe Viertelstunde wird das schon gewesen sein.
In der Zwischenzeit wurde der halb verbrannte Baum und die verschmorten Geschenke entsorgt.
Mein Bruder hatte sich frisch geduscht und frische Klamotten angezogen und war nach mehrfachem Bitten und Betteln bereit, den Kindern noch einmal zu zeigen, wie man ein Feuer erstickt.
So lag er eben wieder auf dem Boden und wollte sagen:
„Aber viel besser ist es natürlich, wenn man einen Eimer voll Wasser neben dem Christbaum …“ Wie gesagt, er schrie.

Er war erst wieder zu beruhigen, als man ihm erklärte,
dass es sich ausschließlich um meine Geschenke handelte,
die direkt unter dem Baum lagen und jetzt auf der Terrasse weiter vor sich hinschmorten.
Ich kann nicht mehr genau sagen, was diese Geschenke in ihrem ursprünglichen Zustand hätten darstellen sollen,
aber ich weiß noch genau, wie sie rochen.

Meine Frau und die Schwägerin kümmerten sich jetzt um das Festtagsessen. Meine Eltern saßen nur da.
Meine Mutter redete und redete: „Dass uns sowas passiert.
Das hätte ich mir nie gedacht, dass uns sowas passieren kann.
Mei, da haben wir wirklich noch mal Glück gehabt.
Mei, stell dir mal vor, wenn …“
Dazu piepte noch immer der Rauchmelder.
Wir stellten ihn ständig wieder ab.
Aber der Rauch im Wohnzimmer hielt sich zu hartnäckig.
Der Lärm ließ sich aber etwas kaschieren,
durch den Gesang von Peter Alexander.

Und so begaben wir uns zum Festtagsmahl
und mein Vater sprach diesmal kein Tischgebet,
nein, wir nahmen uns nur alle an den Händen und er sprach:
„Wer das rumerzählt, für den kommt das Christkind
nächstes Jahr auf dem Scheißhäusl.“

Mittwoch, 25. Dezember

Das Loch

Doch zurück zum Weihnachten der Gegenwart.
Fast alle Steinchen sind umgefallen.
Mein Bruder ist glücklich. Restlos übernächtigt, aber glücklich.
Sogar meine Kinder waren von der gelungenen Domino-Rallye heute morgen begeistert und haben beschlossen, am Nachmittag alle Steine wieder aufzustellen.
Wieder einmal kann er über mich triumphieren, mein kleiner Bruder. Wieder einmal. Das frustriert mich aber nicht wirklich, denn irgendwie kann ich mich heute auf nichts konzentrieren. Nicht mal auf Frust.
Mein gesamter Organismus widmet sich nämlich nach wie vor dem Verdauen von Speisen und Sonstigem.
Ich habe die ganze Nacht nicht geschlafen. Ich bin blöd und jeder Reiz aus meiner Umwelt überfordert mich restlos.

Einfach nur gehen. Einen Fuß vor den anderen setzen.
Draußen, an der frischen Luft. Mit der Familie.
Am ersten Weihnachtsfeiertag verbringt meine Familie sehr viel Zeit mit Gehen. Zu einem Gasthaus und wieder zurück.
Das macht man so. Am ersten Weihnachtsfeiertag geht man Essen, um endlich mal nichts vorbereiten, kochen oder aufräumen zu müssen.

Es stürmt und regnet. Aber wir gehen.
Kein Erdbeben, kein Vulkanausbruch oder ein nuklearer Störfall könnte uns daran hindern. Heute wird gegangen.

Meine Familie hat gerade die erste Etappe ihrer Strecke absolviert
und so befinde ich mich jetzt in einem Gasthaus.
Mein Körper ist anwesend. Aber mein Geist hat sich mit all seiner
Aufmerksamkeit unkontrolliert an die Nebentische
und sonstige Ecken im Raum verteilt.

Ständig rennt eine Bedienung durch meine Optik,
ständig schreit ein Kind, ständig klingelt irgendwo ein Telefon,
Geschirr scheppert, kläffende Hunde. Alles redet und alles riecht.

Zu viele Eindrücke.
Sie brechen auf mich herein und ich versuche, sie zu sortieren.

Zunächst sammle ich die Gemeinsamkeiten:
An allen Tischen spricht man, in dem Moment,
in dem die Speisekarte gereicht wird, ausschließlich darüber,
wie entsetzlich es doch wäre, dass man nach dem gestrigen Gelage
überhaupt schon wieder etwas zu sich nehmen kann.
Man schüttelt die Köpfe und lacht.

Alle sind irgendwie müde und schlapp.
Dabei unterscheide ich zwei Gruppen:
Eine kleinere Gruppe, deren Müdigkeit dem Umstand geschuldet
ist, dass man am Vortag zu viel und zu lang gefeiert hat.
Und eine andere, weitaus größere Gruppe, deren Schlappheit
eindeutig mit der Tatsache zusammenhängt, dass man bereits um
8.00 Uhr morgens im Fitnessstudio war und verzweifelt versucht
hat, die Lasten vom Vorabend loszuwerden bzw. man hat versucht,
die Lasten, die man in den nächsten Stunden zu sich nehmen wird,
bereits im Voraus zu verbrennen.

Ungeklärt bleiben für mich folgende Fragen:

1. Wieso unterhalten sich Männer, kurze Zeit nach dem Erhalt ihrer Getränke, grundsätzlich über neue Brauereien?

2. Wieso schauen Frauen so lange in die Speisekarte, wo sie doch ganz genau wissen, dass sie sich einen Eimer voll Salat mit irgendwelchen Fleischfetzen bestellen und peinlichst darauf achten werden, ja kein Brot dazu zu essen oder gar Nudeln oder Kartoffeln?

3. Wieso werden Kinder satt, obwohl sie ununterbrochen in ihre Handys schauen oder sich gegenseitig lustige Dinge auf ihren Handys zeigen?

Ich sortiere weiter und erfahre:
In jeder Familie gibt es mindestens eine Person,
die in ihrem Leben so ziemlich alles richtig macht
und dafür Zustimmung und Lob erfahren möchte.

Sehr dominant erscheint mir ein durchtrainierter,
mittelalter Herr in Feiertagstracht, am übernächsten Tisch,
zu meiner Rechten: „Du, auf 10 Jahr, 1,25 Prozent.
Das ist eine Finanzierung, die kriegst du natürlich nur,
wenn du weißt, wie man mit den Leuten von der Bank reden muss.
Weißt, der Riedlinger Charly von der Sparkasse,
den kenn ich ja noch von früher, vom Fußball …
und da hat der für mich natürlich … da braucht man halt die
richtigen Kontakte, sonst wär das ja gar nicht …
bis April steht der Rohbau …"

Meine Familie sitzt am Tisch und starrt mich an.
Ich schwitze und mein Bruder macht mich darauf aufmerksam,
dass ich noch mit einem Arm in meinem Wintermantel stecke.

Auch Mütze, Schal und Handschuhe befinden sich noch an meinem Körper. Ich frage nach meiner Frau und meine Mutter erklärt mir, dass sie gerade den Regenschirm an die Garderobe bringt,
den ich eben noch aufgespannt, über meinem Kopf,
in meiner Hand hielt.
Mein Vater meint, ich solle mich doch nun endlich auch an den Tisch setzen. Ich überspiele die Situation mit einem Lachen und versichere, dass mit mir alles in Ordnung sei. Ich ergreife die Speisekarte. Ich schaue sie an und sehe darin Buchstaben.

Allerdings bin ich nicht in der Lage, die Buchstaben zu Worten zusammenzufügen oder gar eine inhaltliche Aussage zu erfassen, denn meine geistige Aufmerksamkeit mäandert schon wieder wild durch den Raum und wird nun ergriffen von einer weiteren wichtigen Person. Eine durchtrainierte, mittelalte Dame im Feiertagsdirndl am übernächsten Tisch zu meiner Linken:
„Was studiert jetzt der eure? Ach, studiert der gar nicht?
Aber der hat doch Abitur. Ach, der hat gar kein Abitur.
Aber du hast doch gesagt, der macht seine Waldorfschule fertig
und dann macht der mit allen anderen das ganz normale Abitur?
Ach, der macht jetzt eine Lehre.
Ja super! Du, von der Brandlhuber Sandra, der Bub, der war ja auf der Förderschule und der macht jetzt auch eine Lehre.
Und dem geht's da gut. Der ist glücklich. Stell dir das einmal vor.
Mei, ich sag, mit einer abgeschlossenen Lehre,
da kann er später immer noch Abitur machen und dann studieren.
Da ist ja noch lange nichts verloren."

Ich merke, dass meine Frau schon seit Längerem meine linke Hand drückt, um mich indirekt zu bitten, doch endlich damit aufzuhören, mit der rechten Hand die Kerze auf dem Tisch zu bearbeiten. Erst jetzt wird mir bewusst, dass sich überhaupt eine Kerze auf dem Tisch befindet, dass ich mir bereits mehrfach die

Finger verbrannt habe und meine gesamte Hand mit einer dünnen Wachsschicht überzogen ist.
Meine Mutter sieht mich sorgenvoll an und mein Vater ergreift feierlich das Wort und betont die Bedeutung von Weihnachten und den unschätzbaren Wert der Familie.
Ich bin dankbar, stimme ihm zu und erhebe mein Glas.
Mit erhobenem Glas erstarre ich, denn mein akustischer Horizont öffnet sich jetzt in eine ganz neue Richtung.
Schon wieder hat jemand in seinem Leben etwas richtig gemacht und muss dieser Tatsache lautstark Ausdruck verleihen.

„Über Silvester sind wir ja beim Schifahren im Piemont.
Da bekommt man ja oft super Sachen über Airbnb.
Das letzte Mal hatten wir eine Villa. Direkt am Hang, mit Pool, großer Glasfront und einem Blick übers gesamte Tal.
Zum Spottpreis. Da hatten wir einfach Glück.
Wenn man Airbnb macht, dann braucht man einfach ein gewisses Maß an Risikobereitschaft."
Sprache und Habitus der wichtigen Dame verraten einen eindeutig akademisch-münchnerischen Einschlag.

Ihr Mann klingt eher so, als wäre er aus dem Rheinland,
erst nach München gezogen und vor kurzem,
aufgrund der herrlichen Landschaft und der besseren Luft,
aber doch vor allem wegen der günstigeren Immobilien,
in unsere Gegend gekommen.
Er scheint seiner Frau an Wichtigkeit in nichts nachzustehen.
„Letztes Jahr waren wir über die Feiertage in Kuba.
Wir wollten das einfach noch erleben, so lange das noch kommunistisch ist. Da fahren ja noch ganz uralte Autos rum.
Du meinst, du bist in den 50er-Jahren.
Das hätte ich ja nie gedacht, dass das so preisgünstig ist.
Und für uns war's ja besonders günstig.

Und außerdem haben wir ja wieder mal einen Haftpflichtschaden gemeldet. Ach, wir machen das alle paar Jahre,
dann fällt das nicht so auf. Weißt du, da zahlt man jahrelang in die Versicherung ein, dann kann man sich auch mal was zurückholen.
Also die Flüge kriegen wir darüber super finanziert.“

Noch immer habe ich mein Glas erhoben.
Meine Kinder machen mich darauf aufmerksam,
dass bereits jeder mit mir angestoßen und getrunken hätte.
Und zwar mehrfach.
Inzwischen hatten alle anderen schon ihr zweites Getränk.
Ich entschuldige mich. Es ist mir sehr peinlich.
Mein Vater lädt die ganze Familie ein und ich starre nur dumpf vor mich hin. Das wird sich von nun an ändern.
Ich zwicke mich in die Oberschenkel und steche einmal kurz mit der Gabel auf den Handrücken.

Das Essen kommt an den Tisch. Der herrliche Duft und der appetitliche Anblick der Speisen holen mich wieder zu mir zurück.
Sofort hebt sich meine Laune und mir fällt sogar ein Witz ein.
Ich bin jetzt wieder ganz der Alte und richte freudig das Wort an die Familie: „Kennt ihr den? Treffen sich eine Ingwerwurzel und eine alte Brezel. Sagt die Ingwerwurzel zur Brezel:
Hast du gestern den Schuhbeck gesehen? Darauf die Brezel …“

Die Familie hängt mir an den Lippen.
Aber diese versagen mir schlagartig den Dienst.
Soeben ist eine neue Großfamilie eingetroffen. 10 Personen.
Natürlich hatte man reserviert, aber es ist beim besten Willen nicht der geringste Platz mehr frei. Der Wirt hatte sich verspekuliert.
Offenbar sind die ersten Gäste doch länger sitzen geblieben,
als er dachte. Der Wirt ist in der Küche verschwunden
und überlässt sein Bedienpersonal ihrem Schicksal.

Die Großfamilie ist ebenfalls zu Fuß zum Mittagessen gekommen.
Man befindet sich massiv im Unterzucker.
Vor allem diejenigen, die heute Morgen um 8.00 Uhr schon im Fitnessstudio waren. Die Laune ist entsprechend.
Man will schon mal in die Speisekarte schauen
und auch gleich bestellen, damit das Essen sofort serviert wird, wenn man endlich einen Tisch hat.
Diesen Vorschlag lehnt die Bedienung mit größtmöglicher Freundlichkeit ab: „Das geht leider nicht.
Aber wenn Sie sich noch einen kleinen Moment gedulden …"

Die nächste Großfamilie kommt zur Tür herein.
Man hat ebenfalls reserviert. Der Blutzuckerspiegel ist noch viel niedriger. Man verlangt sofort nach dem Geschäftsführer.
Der ist in der Zwischenzeit durch die Küche entschwunden
und hat sich ins sichere Ausland abgesetzt.
An den umliegenden Tischen gibt es jetzt nur noch ein Gesprächsthema: „Eine Schande ist das!
Diesen Wirtsleuten würde ich ja an die Gurgel gehen.
Ja, im Gastgewerbe, da kriegst du ja heute kein vernünftiges Personal mehr. Nur noch Deppen oder Osteuropäer."

Meine Familie schüttelt und rüttelt mich:
„Der Witz! Der Schuhbeck-Witz!
Was sagt die alte Brezel zu der Ingwerwurzel?"
Ich weiß nichts mehr von einem Witz. Ich weiß nur, dass meine Sympathie unaufhörlich zwischen zwei Seiten hin und her springt.
Das arme Personal. Was sollen die jetzt tun?
Die armen Familien. Die sind so weit gegangen und haben Hunger und Durst? Für wen bin ich? Für wen ergreife ich Partei?
Eine völlig verzweifelte junge Bedienung versucht die Situation zu entspannen, mit einer Runde Freigetränke, und meint,
dass unser Tisch wohl bald frei werden dürfte.

Sofort stehen ca. 20 Menschen um unseren Tisch herum und
warten darauf, dass wir uns schleunigst entfernen.
Dabei haben sie ihre Handys gezückt und schreiben Kommentare
in ein Bewertungsportal. Das wird mir jetzt endgültig zu viel.
Ich kann nicht mehr. Mir wird schwarz vor Augen.

Als ich wieder zu mir komme, stehe ich vor dem Gasthaus und schreie.
Meine Frau hat mich gerade zurück in die Realität geohrfeigt.
Ich weiß nicht mehr, wie ich an die frische Luft gekommen bin.
Ich weiß nicht mehr, was ich gegessen oder getrunken habe oder
ob ich überhaupt irgendetwas zu mir genommen habe.
Ich weiß nur, wir werden jetzt spazieren gehen.
Sehr weit spazieren gehen. Es regnet, es stürmt, es ist kalt.
Was für ein Geschenk.

Donnerstag, 26. Dezember

Zwischen den Jahren

Ausschlafen, dieses ewige Ausschlafen und noch immer nicht wissen, was wir eigentlich an Silvester machen. Aufstehen, Rückenschmerzen und feststellen, man ist der Erste der Familie, der aufgestanden ist. Ich schalte das Radio ein, höre meinen Lieblings-Gute-Laune-Moderator und schalte sofort wieder aus.

Die Küche steht voll verdrecktem Geschirr, das auf Spülung hofft.
Zunächst müsste aber die Spülmaschine ausgeräumt werden, die bereits über Nacht eine Ladung gespült hatte.
Das saubere Zeug muss erst in die Schränke zurückgeräumt werden, bevor die Maschine neuerlich gefüllt werden kann.
Der absolute Wahnsinn!

Ich hole einfach ein paar Geschirrtücher aus der Schublade, tränke sie mit Spülmittel und bedecke damit den Unrat, damit sich keine gefährlichen Keime bilden können bzw. damit ich nicht dabei zusehen muss, wie sich gefährliche Keime bilden.
Unter den Geschirrtüchern finde ich einen Zettel.
Es ist die Weihnachtspost von K. Meine Frau muss ihn dort hingelegt haben. Absichtlich. Ich denke, sie wusste genau, welche Schublade ich heute als erstes öffnen würde.
Sie will mich noch einmal an meine Schreibfaulheit, an meine herzlose Trägheit erinnern.
Das ist ein Tag, den man am besten gleich wieder streichen sollte.

Außerdem rieche ich aus dem Mund.
Das hat mir keiner gesagt, aber ich weiß das, weil ich es schmecke.
Und niemand tut etwas dagegen. Unser Bad liegt im ersten Stock,

das sind 13 Stufen nach oben und dann noch fünf Schritte zur Zahnbürste. Ich verschiebe es auf Neujahr.

Zwei Stunden später:
Der Fernseher läuft, irgendein Kinderkram, für den meine Söhne schon viel zu alt sind. Sie liegen auf der Couch und starren nebenher in ihre Handys.

Sie stinken und kichern. Ich bitte meine Frau,
etwas zu kochen oder zu backen, damit es in der Bude nicht mehr so übel nach Schlafanzügen und ungeputzten Zähnen riecht.
Am besten Plätzchen und Braten gleichzeitig.
Sie bietet mir an, einfach ein Fenster zu öffnen.
Aber Erfrieren erscheint mir schlimmer, als an Körperausdünstungen zu ersticken.
Ganz sicher bin ich mir dabei allerdings nicht.

Ich setze mich unentschlossen auf den Rand der Couch und schau mir einen Kinderkram an, für den meine Kinder viel zu alt sind.
Die Hauptdarstellerin spielt eine böse Hexe, aber ich finde sie irgendwie süß, weil sie gerade sehr gut zu mir passen würde.
Sie erinnert mich an die Darstellerin aus „Drei Nüsse für Aschenbrödel", allerdings in ihrer finsteren Version.
Sofort verliebe ich mich in sie. Dann fällt mir wieder ein, dass die Darstellerin von Aschenbrödel doch um 17 Jahre älter ist als ich.
Und wenn man bedenkt, wie alt ich inzwischen schon bin,
dann müsste sie ungefähr, ziemlich genau …
oh Gott, ich kann jetzt nicht rechnen. Ich will es auch gar nicht.
Die süße böse Hexe braut einen Trank in einem riesigen Topf.
Dämpfe steigen auf und ich stelle mir vor,
sie verströmen genau unseren Wohnzimmerduft.

Meine Frau setzt sich wie ferngesteuert neben mich und sie sagt: „Könntest du endlich das saubere Geschirr aus der Spülmaschine räumen, dann fühl ich mich nicht gar so ausgenutzt und versklavt, wenn ich mich gleich wieder ganz allein um die nächste Speisenzufuhr kümmern darf."
Ich bin aber viel zu träge, um überhaupt zu antworten und küsse sie. Auf die Wange. Das reicht, um sie für ein paar Minuten außer Gefecht zu setzen. Die Kinder fotografieren ihre bewusstlose Mutter, stellen das Foto in die Familien-Whatsapp-Gruppe und unterschreiben das Bild mit:
„Wir haben Hunger und keiner macht was."

Inzwischen stehe ich in der Küche.
Ich habe keine Ahnung, wie ich da hingekommen bin.
Offenbar will mich eine fremde Macht zu häuslicher Arbeit zwingen und hat mich zu diesem Zweck einfach von der Couch weg in die Küche gebeamt. Ich räume die Spülmaschine aus. Beginne mit dem Besteck, arbeite mich weiter zu den Tellern und bei den Töpfen packt mich die blanke Wut. Die passen nicht ineinander und schon gleich gar nicht in das dafür vorgesehene verdammte Schubfach. Schon nach zwei Töpfen bringe ich dieses blöde Schubfach weder auf noch zu. Ich schwitze, ich bin müde und meine Füße jucken in meinen uralten Filzpantoffeln.

Meine Frau kann nicht kochen, weil die Töpfe zu fest ineinandergepresst und nicht mehr voneinander zu trennen sind. Es gibt was Feines aus dem Wok.

Die drei Männer im Haus sind nun völlig außer Gefecht gesetzt, denn jetzt beginnt eben die Quali für die Vierschanzen-Tournee. Es geht dabei darum, wer am nächsten Tag beim Wettbewerb starten darf. Es ist sozusagen ein Wettbewerb vor dem Wettbewerb.

Völlig unbedeutend, aber nicht für uns. Wir erkennen den Wert der kleinen Dinge. Auch das gehört zur weihnachtlichen Botschaft.

Es klingelt an der Tür. Meine Kinder schauen mich an,
ich schau meine Kinder an. Meine Frau ruft aus der Küche:
„Da hat jemand an der Tür geklingelt!“ Ich schau meine Kinder an und sage: „Da steht jemand vor der Tür!“ Meine Kinder schauen mich an und meinen: „Da sollte mal jemand zur Tür gehen und schauen, wer da geklingelt hat.“
Meine Frau geht aus der Küche zur Tür.

Ich sage zu meinen Kindern:
„Da hättet ihr jetzt aber locker an die Tür gehen können und schauen, wer da ist.“
Meine Kinder: „Beruhig dich. Es ist Weihnachten, Mann!“
Darauf ich: „Ihr könnt auch mal was tun.
Ich habe eben die komplette Küche aufgeräumt.“
Meine Kinder: „Nein, du hast Töpfe ineinandergepresst!
Und jetzt gibt’s schon wieder was aus dem Wok.“

Meine Frau kommt ewig nicht von der Tür zurück.
Wer ist denn da an der Tür? Wer ist denn da so wichtig?
Das Essen brät doch an!
Meine Frau kommt von der Tür zurück.
Sie sagt, es wäre meine Mutter gewesen.
Sie hätte eben das Foto in der Familien-Whatsapp-Gruppe gesehen und wollte wissen, ob sie heute für uns kochen soll.

Ich frage sie: „Und? Konntest du sie beruhigen?“
Darauf meine Frau: „Nicht wirklich. Aber ich habe ihr erklärt, dass ich nun wieder in meine Küche muss, weil hier niemand in der Lage ist, einen Wok mit verkochendem Fleisch von der Herdplatte zu schieben.“

„Und? Was hat meine Mutter gesagt?"
„Sie hat gesagt: sie kann sich sehr gut vorstellen, was bei uns gerade los ist. Der Opa schaut auch gerade Schispringen."

Das Schispringen geht zu Ende. Keine Ahnung, wer gewonnen hat. Ist auch nicht wichtig. Das eigentliche Springen ist ja eh erst morgen. Wir setzen uns alle an den Tisch und essen schweigend was Feines aus dem Wok. Danach nimmt jeder, wie mechanisch, seinen Teller und trägt ihn in die Küche. Dann gehe ich ins Bett.
Ab morgen wird alles anders.
Oder ab übermorgen. Dann aber ganz bestimmt.

Samstag, 28. Dezember

Plötzlicher Sportanfall

Ich habe es geschafft. Ja, wirklich.
Ich habe es geschafft, mich seit Heiligabend nicht auf die Waage zu stellen oder gar einen Schrittzähler zu beäugen.
Eisern blieb ich und verschrieb mich ganz und gar der inneren Einkehr und familiärer Gelage.

Aber nach zwei Tagen reicht dann doch nur der Hauch einer grausamen Vorahnung auf mein wahres Körpergewicht
und schon stecke ich in meinen Joggingklamotten,
gehe in den Keller und reiße meine Laufschuhe brutal aus ihrem Winterschlaf. Zwei Stunden, in einem ganz erstaunlichen Tempo, mit einer ungeahnten Fitness.
Ich strotze vor Energie und bin verblüfft und begeistert zugleich von meiner brillanten körperlichen Verfassung.
Schon nach wenigen Metern schießen mir die Endorphine ins Gemüt und ich beginne, für den nächsten New-York-Marathon zu planen, und stelle mir dabei vor, wie ich einen nach dem anderen überhole, wie sie frustriert und in Tränen aufgelöst den Wettbewerb abbrechen. 50 000 Teilnehmer,
alle sind frustriert und heulen. Und ich laufe strahlend vorne weg, mit hoch erhobenen Armen, über die Ziellinie.

Laufen, das wird mein Vorsatz fürs neue Jahr.
Jeden Tag 10 bis 15 Kilometer. Und dann langsam steigern.
Das schaff ich. Ich muss eben zwei bis vier Stunden früher aufstehen und auf Alkohol ganz und gar verzichten.
Dann ist das locker zu machen. Man muss sich Ziele im Leben setzen. Aber erreichbar müssen sie sein und nicht zu übertrieben,

sonst schwindet schnell die Lust und schlägt gnadenlos als Enttäuschung zurück. Ganz vernünftig. Ich bleibe ganz vernünftig. Meine Ernährung werde ich umstellen. Fleischlos, sowieso.
Mit einem genauen Plan, den ich jetzt gleich mit meiner Frau besprechen werde, bevor sie zum Einkaufen für Silvester fährt.

Außerdem lege ich mir neue Laufklamotten zu.
Mit meiner alten Jogginghose, die ich in den letzten Jahren vorwiegend zum Schlafen benutzt hatte, meinem versifften Trikot von 1860 München, meinem Vintage-Stirnband mit der leicht verblassten Aufschrift „Trimm Dich fit" und meiner feuerroten Birne sehe ich auf den letzten Metern aus wie ein torkelnder Fußballhooligan auf dem Weg zum Getränkemarkt.

Leicht dehydriert, aber durchströmt von Glückshormonen, komme ich zuhause an und dehne mich. Auf der Terrasse.
Jawohl, ich dehne mich, freiwillig und öffentlich.
Ich lächle dem Schmerz entgegen und ich schwitze nach.

Das ist die größte Bestätigung. Nachschwitzen.
Meine Poren öffnen ihre Schleusen mit einer solchen Macht, dass jedes halbwegs sensible Geruchsorgan die Speisenfolge meiner vergangenen Tage auflisten könnte, von den Getränken ganz zu schweigen. Entzückt würde man ausrufen:
„Holla! Zwischendurch auch mal beim Griechen gewesen?!"
Jede Sünde spült sich jetzt aus meinem Körper.
Es ist eine Reinigung, eine Katharsis. Ich sehe es als einen tief religiösen Akt und fühle mich verbunden mit einer strahlenden Göttlichkeit. Nie war mir Weihnachten so nah.
Und das vier Tage nach Heiligabend.

Meine Frau spricht mich an. Ich sehe aber nur, wie sich ihre Lippen bewegen. Hören kann ich sie aber nicht, weil die Blutströme in

meinem Körper und mein wild schlagendes Herz viel zu laut sind.
Eine halbe Stunde später bin ich frisch geduscht,
hab mir einen tollen Duft aufgelegt, gehe zu meiner Frau in die Küche, schließe sie feurig in die Arme und frage:
„Was wolltest du mir eben sagen, meine Liebste und Schönste und Stern an so vielen Himmeln?"
Sie meint: „Nichts weiter. Es ist nur so, dass vorhin die Nachbarn angerufen haben und wissen wollten, ob wir vielleicht eben einen Kasten Bier in den Garten geschüttet und ihn dann mit Obstbränden übergossen hätten."

Haha, ich muss lachen. Es ist ein kraftvolles, ein überlegenes Gelächter. Überhaupt alles in mir ist kraftvoll und überlegen.
Lässig greif ich mir mit einer Hand den großen Korb für das Brennholz.
Ich will in die Garage, um dort Nachschub für den Kachelofen zu holen, um es mir und meiner Liebsten mollig warm zu machen.
Das gute alte Bärenfell werde ich auslegen, um dann,
vor den im Feuer knisternden und krachenden Scheiten,
animalisch und doch romantisch, über sie herzufallen.

Ich mache mich also auf den Weg zur Haustür
und werde in allerletzter Sekunde gestoppt von meiner Frau,
mit den Worten: „Du bist nackt!" Tatsächlich.
Ich hatte so viel Vertrauen in mich und meinen Körper, dass ich keinerlei Notwendigkeit mehr verspürte, mich mit Kleidung zu bedecken. „Und hör endlich auf, deine Muskeln anzuspannen und den Bauch einzuziehen. Du erstickst ja gleich!" Sie hatte recht.
Mir war auch schon ziemlich schwindlig.
Atmen, ich musste einfach wieder atmen.

Das führte leider unweigerlich dazu, dass meine Statur wieder etwas in sich zusammensackte, mein Bauch seine wahren

Kapazitäten verriet und meine Männerbrust eine Körbchengröße annahm, für die ein BH meiner Frau nicht ausreichen würde.

Ich war wieder der, der ich immer war. Und als solcher stellte ich den Holzkorb zurück, ging in den ersten Stock, legte mir festliche Kleidung an, kam zurück ins Wohnzimmer und wuchtete mich auf die Couch.

„Wolltest du nicht eben Holz holen und einheizen?"
„Bring mir eine Decke und mach mir Tee!" erwiderte ich, schaltete den Fernseher an und schlief auf der Stelle ein.

Vier Stunden später. Ich wache auf. Draußen ist es dunkel, im Ofen knistert das Holz, über mir liegt eine warme Kuscheldecke, vor mir steht kalter Tee, im Fernsehn läuft tonlos eine Kindersendung, für die meine Kinder viel zu alt sind.

Ich möchte mich nützlich machen und den Tisch für das Abendbrot decken, bevor aus der Küche jemand ruft: „Und du kommst mal wieder nicht auf die Idee, wenigstens den Tisch zu decken!"
Ich erhebe mich also von der Couch. Ich stehe auf, schau auf die Couch zurück und stelle fest: mein Körper liegt noch immer da bzw. er versucht gerade, sich zu erheben. Mein Geist schlüpft also wieder zurück in mein Fleisch und versucht, mich aufzurichten.

Schmerz! Alles ist Schmerz und Leid! Ich schreie!
Meine Kinder schalten den Ton vom Fernseher wieder ein und fotografieren ein schmerzverzerrtes Gesicht, das ich später auf Instagram wiederentdecke unter den Hashtags: #rettetdiewale
#fühldichendlichmalsoaltwiedubist
#KreuzschmerzenschonanweihnachtenwiewirddaserstanKarfreitagsein.

Meine Frau eilt zu mir, schaut mich mitleidig an und meint: „Bevor du hier groß rumschreist, könntest du vielleicht mal auf die Idee kommen, wenigstens den Tisch zu decken.“

Ich bedeute ihr, dass ich genau eben dieses vorhatte, starte einen weiteren Versuch mich zu erheben, spüre den Schmerz, schreie und falle in tiefe Ohnmacht. Zehn Sekunden später erwache ich und sehe nun doch in drei sorgenvolle Gesichter. Ich sehe, wie meine Frau im Handy verschiedene Bestatterpreise vergleicht, und dann zu mir rüberstarrt, um meine letzten Worte nicht zu verpassen. Sie fragt mich „Fichte oder Eiche? Eiche ist runtergesetzt“. Meine Söhne teilen bereits mein Hab und Gut untereinander auf und streiten sich um die alte Jogginghose, weil die in Berliner Hipsterkreisen locker einen Tausender bringt. Zwischendurch wird gelangweilt etwas Sorge simuliert.

Ich sammle meine letzten Kräfte und beteuere, dass mit meinem Herzen alles in Ordnung sei und ich jetzt bitte den Tisch decken möchte. Zuvor bitte ich aber darum, mir ein langes Brett unterzuschieben, das man dann am Kopfende anheben sollte, um mich in die Vertikale zu bringen. Alles Übrige würde ich, wenn auch unter schlimmen Schmerzen, selbst erledigen. Im ganzen Haus findet sich leider kein Brett, das lang genug wäre … die Tischtennisplatte tut’s aber auch.

Schließlich stehe ich also im Wohnzimmer, aufrecht vor der Couch und überlege, wie ich nun einen Fuß vor den anderen setzen soll. Es geht. Aber nicht, indem ich das Bein hebe, sprich: einen Schritt mache. Nein, ich schiebe, ja, ich schiebe einen Fuß langsam vor den anderen. Der Wohnzimmerboden besteht aus glatten Schieferplatten, da geht das. Als das Abendmahl fast fertig ist, erreiche ich die Küche und endlich den Besteckkasten.

Vier Gabeln, vier Messer. Wieder ist es nur mein Geist, der die
Schublade öffnet und das Besteck ergreift.
Meine Hände heben sich nur minimal. Ich möchte sagen:
für das menschliche Auge kaum zu erkennen.
Aber ich schreie wieder! Sehr laut.

Meine Frau erschrickt und wirft dabei den gesamten Salat auf den
Boden. Ich entschuldige mich und bitte darum,
mir vier Gabeln und Messer in den Mund zu stecken,
damit ich sie sicher an ihren Bestimmungsort bringen kann.
Meine Frau lacht jetzt hysterisch und meint:
„Ich habe dir gesagt, dass du es bitter bereuen wirst,
wenn du mit zwei Hanteln joggst."

Stehend werde ich gefüttert mit Geschnetzeltem und Salat aus dem
Wok, mit viel zu viel Salat. Ich kann mich aber nicht mehr wehren,
da mir meine Stimmbänder nun jeden Dienst versagen.
Die frische und kalte Luft während meiner sportlichen Aktivität
bescheren mir jetzt eine Erkältung.
Stimme weg, Nebenhöhlen dicht. Rotz läuft mir aus der Nase.
Meine Frau schnäuzt und füttert mich.

Nach dem Essen liege ich wieder auf der Couch.
Meine Kinder haben mich mit der Tischtennisplatte dorthin
manövriert. Meine Frau bringt das Bettzeug aus dem
Schlafzimmer und reibt meine Muskeln von oben bis unten ein,
mit Franzbranntwein.
Ich friere jetzt, ich stinke. Und alles ist Schmerz.
Ich fühle mich wie Jesus an Karfreitag.
Aber in drei Tagen, in drei Tagen, da werde ich es fortsetzen.
Mein Training für den New-York-Marathon.
Direkt nach meiner Auferstehung.

Sonntag, 29. Dezember

Plötzlicher Liebesanfall

Heute bleibe ich bis zum Abend im Bett.
Vielleicht werde ich bis dahin meine Muskeln wieder so weit im Griff haben, um selbstständig aufzustehen.
Aber nur, um ins Erdgeschoss, ins Wohnzimmer zu gehen und mich dort auf die Couch zu legen.

Meine Frau will sich nicht den ganzen Tag zu mir ins Bett legen.
Sie geht lieber eine Runde spazieren mit ihren Freundinnen und wird irgendwann wieder heimkommen, sagt sie.
Ich frage: „Wann wird denn das sein?"
Sie sagt: „Irgendwann."

Bevor sie geht, legt sie mir zum Beweis ihrer Liebe eine Banane auf den Nachttisch und ein Mon Cherie.
Sofort stopfe ich Banane und Mon Cherie in mich hinein und finde, dass meine Frau nun doch schon sehr lange weg sei.
Ich bin beleidigt und überlege, ob ich vielleicht unsere Zimmerpflanzen beschimpfen sollte. Allein der Gedanke daran strengt mich aber so sehr an, dass ich wieder einschlafe.

Mit einem Kuss werde ich geweckt.
Sie ist zurück. Beinah acht Stunden sind vergangen.
Sie wirkt glücklich und ich fühle mich erholt.
Wir strahlen uns an und sie meint:
„Du, stell dir vor, ich habe gerade K. getroffen."
Und ich: „Oh, schön."
Und sie: „K. sagt, sie hätte dich neulich im Radio gehört.
Sie meint, man hätte gemerkt, dass du ziemlich ins Stocken

gekommen bist, als der Moderator mit dir über deinen Tod sprechen wollte.“
„Der wollte nicht über meinen Tod sprechen.
Er wollte nur wissen, wie das ist, wenn einem in unserem Alter die eigene Endlichkeit allmählich bewusst wird.“
„Egal. K. fand's jedenfalls richtig toll, was du da gesagt hast.“
„Ach du scheiße.“
Ich denke: Wenn sie jetzt noch sagt, es hätte richtig was mit ihr gemacht, dann kotz ich auf meine Kuscheldecke.
Und meine Frau sagt: „K. meint, es hätte richtig was mit ihr gemacht.“
Ich kotze nicht auf meine Kuscheldecke. Das kann ich ihr nicht antun. Ich liebe meine Kuscheldecke. Ich brauche sie wie die Luft zum Atmen. Deshalb hebe ich sie leicht an und entsende einen dezenten Protestfurz.

Meine Frau macht weiter:
„Weißt du, ich habe K. gesagt,
dass ich ihren Weihnachtsbrief an dich ganz super finde.
Sie war erst ein bisschen irritiert,
dass du mir ihren Brief gezeigt hast.“
„Weil du mich dazu gezwungen hast.“
„Sie hat sich aber dann doch sehr gefreut und gemeint,
wir könnten uns auch mal wieder zu dritt treffen.
Am Freitag nach Dreikönig hätten wir doch Zeit.
Da steht nix im Kalender. Da könnten wir doch …“

„Ach, hab ich da nichts reingeschrieben?!“ geh ich dazwischen.
„Da muss ich den Nikolaus spielen.“ Sie schaut mich gelangweilt an und gähnt demonstrativ. Und ich schicke schnell hinterher:
„In einem Heim für Schwererziehbare.“
Und sie: „Am Freitag nach Dreikönig?“
„Ja, das ist die Strafe für die Schwererziehbaren.
Weil die so frech waren,

kommt der Nikolaus erst über einen Monat später.
Sorry, aber ich habe da fest zugesagt und du weißt,
wie wichtig mir diese sozialen Projekte sind."
Meine Frau: „Ach ja, verstehe." Sie glaubt mir tatsächlich.
Ich bin etwas überrascht, aber immerhin beinhaltet meine billige
Ausrede eine gewisse Halbwahrheit. Ich sollte nämlich tatsächlich
den Nikolaus spielen, aber nicht für Schwererziehbare.

Es war der Fußballverein, der mich gebeten hatte, noch einmal
den glorreichsten Auftritt meiner Karriere zu wiederholen.
Man hätte noch das alte Kostüm von damals und ein paar
Schaumstoffmatten, die ich mir um den Bauch wickeln könnte.
Am Freitag nach Dreikönig wäre die erste Faschingsparty im neuen
Jahr und man suche noch nach einem richtigen Knaller.

Ich habe sofort und in aller Deutlichkeit abgelehnt.
Aber so, wie sich die Lage momentan gestaltet, wäre ich doch
tatsächlich bereit, von meiner Absage wieder zurückzutreten.
„Ach schade." Sagt meine Frau. „Und du kannst den Termin echt
nicht verschieben, bei den Schwererziehbaren?
Wir haben schon so lange nichts mehr mit K. gemacht."

Geistesgegenwärtig und jetzt doch wieder sehr verlogen,
beruhige ich meine Frau:
„Du hast ja so recht, mein Schatz. Ich kanns ja mal versuchen.
Ich ruf da jetzt gleich mal an, bei den Schwererziehbaren
und schau, ob sich noch was machen lässt."
Voller Dankbarkeit strahlt sie mich an.

Sofort greife ich mir mein Handy, gehe damit in mein Büro,
schließe hinter mir die Tür und rufe den Vorstand vom
Fußballverein an. „Du Schorsch, jetzt nochmal wegen dem
Nikolaus-Auftritt bei eurer Faschingsparty. Ich tät's machen."

Dann gehe ich zurück zu meiner Frau und sage:
„Tut mir leid, der Aufseher vom Schwererziehbaren-Heim besteht auf dem Termin. Er sagt, wenn der Auftritt platzt, dann schlagen die ihm alles kurz und klein. Und sowas kann ich echt nicht verantworten. Du kennst mich."

Damit bin ich also den Fängen von dieser K. ein weiteres Mal entkommen. Ich entspanne mich und ich weiß, die nächsten Stunden werden herrlich, denn heute ist Liebesschnulzenabend.

Irgendein Film zum Schmachten.
Was Harmloses, mit garantiert gutem Ende.
Ich lehne solche Filme eigentlich grundsätzlich ab,
denn sie entsprechen nicht meinem Anspruch,
meinem Lebensstil und überhaupt … blablabla.
Aber wir befinden uns zwischen den Jahren.
Eine absolute Ausnahmesituation. Da muss die Schnulze einfach sein. Das ist meine tiefste Überzeugung,
die ich innerhalb meiner Familie leider mit niemanden teile.

Diesmal legt sich meine Frau allein ins Bett.
Erstens, weil sie müde ist vom Spazierengehen mit K.,
und zweitens, weil sie viel lieber vor dem Einschlafen noch ein Buch liest. Einen Krimi, was brutales, den neuen Simon Beckett. Schlimme Sachen mit Leichen, deren Verwesungsgrad man an der Form und Farbe der Maden abliest, die sich in den Eingeweiden niedergelassen haben.
Das braucht sie. Das ist ihr Ausgleich zum Fest der Liebe.

Ich lasse mich also allein mit seichtem Zeug berieseln.
Und dazu gehört ein Glas Rotwein, oder ein Gin Tonic,
oder ein Augustiner, egal. Es geht um wohlschmeckenden Alkohol zu vorhersehbarer Schnulzendramaturgie.

Der Film läuft genau so, wie ich mir das vorstelle:
Der Mann hat eine Krise, trifft die Frau und nimmt sie aber zunächst nicht so richtig wahr, weil sie zu blöd ist,
zu arm und noch zu sehr mit der eigenen Krise beschäftigt.
Aber sie ist wunderschön und hat irgendwie was ganz Eigenes.
Dann läuft man sich ein zweites Mal über den Weg,
es folgt ein Sinneswandel, man verliebt sich, geht miteinander ins Bett … hier bin ich schon beim dritten Getränk angelangt … dann folgt eine erneute Krise, weil er sich doch nochmal auf eine längst verflossene Liebe einlässt.
Stellt aber fest, dass die Ex doch wirklich eine dumme Kuh ist,
will deshalb wieder zurück zur eigentlichen großen Liebe,
ist aber erst mal schwierig, weil die beleidigt ist …
viertes Getränk …

… und am Schluss wird der scheinbar verlorenen Liebe noch einmal nachgerannt zum Flughafen oder Bahnhof oder Hafen und in letzter Sekunde, man hätte es im Leben nicht mehr geglaubt …

In Tränen aufgelöst sitze ich auf der Couch und genieße mich.
Mich und meine tiefe Emotion, meine Ergriffenheit und Feierlichkeit. Ich möchte der Menschheit eine Botschaft senden:
Wir müssen uns sagen, dass wir uns lieben!
Wir alle müssen uns das sagen. Nicht irgendwann, sondern jetzt.

Ich gehe ins Schlafzimmer, denn da liegt mein Mensch,
mein Mädchen, mein Einundalles. Sie schläft. Tief und fest.
Ich nehme den brutalen Beckett
von ihrem Gesicht und bin verzückt.
Wie sie da liegt, so friedlich, den Mund leicht geöffnet,
leise und gleichmäßig atmend. Toll, wie sie das macht.

Sie sieht exakt aus wie eine Mischung aus Julia Roberts,
Rene Zellweger und Susanne Hinterleitner
(das war damals unser Schulschwarm in der 10. Klasse).
Ja, ganz eindeutig. Was für ein Geschenk!

Ich beuge mich über sie und küsse sie auf die Wange.
Ich wünsche mir nichts mehr, als dass sie jetzt die Augen öffnet,
mich erblickt und die große Liebe und das Feuer erkennt,
ebenfalls entflammt und über mich herfällt.

Aber sie gibt nur ein paar unverständliche Grunzlaute von sich.
Ich möchte wissen, was sie mir sagen wollte, ihr zeigen,
von welch großer Bedeutung jedes Wort für mich ist.
Ich küsse sie auf den Mund.
Wach auf, mein Leben, mein Stern an so vielen Himmeln!

Sie dreht sich auf die andere Seite und knödelt sich in die Kissen.
Ich wanke ums Bett herum, um ihrem Gesicht wieder ganz nah
zu sein. Dabei rutsche ich aus, auf einer Bananenschale
und stoße mit der rechten kleinen Zehe erstaunlich schmerzhaft
an die Bettkante. Es tut weh! Es tut höllisch weh!
Doch der Schmerz beflügelt mein Verlangen.
Denn ich weiß, wofür ich leide.

Rosenblätter! Ich brauche jetzt Rosenblätter.
In ein Meer von Rosenblättern will ich dich betten.
Wo bringe ich jetzt verdammt nochmal Rosenblätter her?
Egal, ich finde Ersatz. Bald liegt sie in einem glitzernden Haufen
aus Christbaumkugeln, Strohsternen, Lametta,
weißen Kerzen und roten Bändern.
Zu ihren Füßen habe ich die Krippe aufgebaut und ihre Zehen in
filigranster Feinarbeit dekoriert, zu putzigen kleinen weißen
Schäfchen, über die ein paar Hirten wachen.

Im Wohnzimmer herrscht jetzt ein ziemliches Chaos.
Egal, morgen hänge ich alles wieder an den Baum zurück.
Meine Prinzessin. Sie glitzert und blinkt.
Vom Balkon hatte ich noch das Lauflichtband geholt
und sie damit illuminiert.
Von den Kindern hatte ich im Keller noch eine alte Geburtstagskrone gefunden und sie ihr in die Haare gesteckt.

Ich streichle ihr über den Kopf und ich singe ein Lied,
das ich eben selbst für sie geschrieben habe.
Es trägt den wunderbaren Titel:
„The long hair of you, makes my heart jump for two."

Noch immer schläft sie und scheint sich ganz und gar ihren eigenen Träumen hingegeben zu haben.
Sie scheinen ihr wohl wichtiger zu sein als ich und mein Gesang.
Sorry, aber das nervt jetzt langsam.

Ich racker mir hier einen ab und sie …
Ich zupfe sie am Ohr und beiß ihr dabei zärtlich in die Nase.
Da erschrecke ich. Denn sie schreit. Mein Gott, wie sie schreit!
Jetzt ist sie also wach. So wach war sie noch nie!
Und ich war noch nie mit einem Schlag so stocknüchtern!
Das muss jetzt aber echt nicht sein, oder?

Tief gekränkt, erniedrigt und missbraucht gehe ich ins Badezimmer, putze mir wutschnaubend die Zähne und besprenkle dabei großflächig den Badezimmerspiegel.
Schnell gehe ich zu Bett und schlafe mit voller Absicht
und grußlos ein.

Der nächste Morgen:
Es ist Mittag. Ich öffne die Augen und ich sehe ein seltsam entstelltes Wesen mit einem Gebissabdruck auf der Nase.
Das linke Ohrläppchen scheint irgendwie länger zu sein als das rechte. Das Wesen erzählt mir, dass es die ganze Nacht nicht mehr schlafen konnte, weil es plötzlich hellwach war.
Es hätte noch zwei Simon Becketts gelesen und den Christbaum neu geschmückt.

Dienstag, 31. Dezember

Der allerletzte Tag des Jahres

Wir haben uns wieder mal um nichts gekümmert.
Keine Theaterkarten, keine Party, keine Gäste.
Jedes Jahr versuchen wir, unser Silvester zu planen,
aber erst nach Weihnachten. Da hat man keine Lust zu planen.
Außerdem ist es einfach zu spät.
Das wissen wir, aber uns fällt immer erst eine Woche vor dem
Jahreswechsel ein, dass wir das wissen.
Eine Silvesterparty sollte man spätestens gleich nach Ostern
planen, denn da hat man noch gute Chancen, Freunde erfolgreich
einzuladen. Aber an Ostern haben wir noch nicht mal unseren
Pfingsturlaub organisiert.

Wir sitzen an Silvester allein daheim.
Alle anderen haben eine Hütte in den Bergen gemietet,
oder zumindest einen ganz speziellen Partyraum
in einem alten Heizkraftwerk oder in einer Eishöhle oder so.
Alle andern haben alles richtig gemacht.

Also sitzen wir allein vor der Glotze.
Es soll ja auf Netflix Serien geben,
die wir tatsächlich noch nicht gesehen haben.
Ich werde bewusst alles aussparen, was in Richtung Liebesschnulze
geht. Sonst sitze ich sehr schnell ganz alleine da
und werde sehr schnell betrunken und meine Frau liegt im Bett
und liest grausame Krimis.

Wir einigen uns also wortlos auf einen gesunden Mittelweg und schauen uns grausame Serien an.
So kommt jeder zu seinem Recht.
Von 18.00 Uhr bis 0.00 Uhr schaffen wir mindestens zwei Staffeln.
Mit der dritten Staffel könnte es eng werden,
denn ich bestehe auf ein paar „Harald und Eddie“ Sketche,
die mir aus frühester Kindheit so vertraut sind und die einfach zum Silvesterabend dazu gehören, sonst kann das nächste Jahr nicht kommen bzw. ich weigere mich, aktiv daran teilzunehmen.

An „Dinner for one“ habe ich mich schon als 12-Jähriger satt gesehen. Da stolpert einer und wird immer besoffener
und meine Eltern tun so, als verstünden sie Englisch.
Nein, da sind Sketche mit Harald Juhnke und Eddie Arendt schon eine ganz andere Hausnummer.
Die gibt’s auf youtube. Alte Klassiker, bei denen ich die ganze Familie nerve mit Zwischenkommentaren, wie:
„Pass auf, jetzt kommt’s gleich!“ oder „Ach, das ist einfach zeitlos lustig. Ich finde, diese Nummern funktionieren damals, wie heute. Das war eben noch Humor. Das und Loriot. Schau mal, wie lustig die am Schluss immer schauen! Sag mal, gibt’s eigentlich auch Erdnussflips? Mir kommen die ganzen Tacos langsam bei den Ohren raus. Wo sind eigentlich meine Söhne?“ Meine Frau bringt mir Erdnussflips und sagt: „Deine Söhne sind bei Freunden.
Die haben eine Party organisiert.“

In jedem Fall machen wir ein großes Feuerwerk.
Wenn schon der ganze Abend langweilig wird,
dann soll wenigstens der Höhepunkt ein großes Fest sein.
Jedes Jahr verballern und verdrecken uns die Nachbarn unsere Einfahrt. Das lassen wir uns diesmal nicht gefallen.
Diesmal schießen wir zurück. Ich habe alles besorgt.
Das Zeug war billiger als ich dachte und es schmutzt und

ist mindestens so zielsicher wie eine nordkoreanische
Mittelstreckenrakete.
Meine Frau sagt: „Nordkoreanische Mittelstreckenraketen sind
aber alles andere als zielsicher.“
Und ich sag: „Aber es reicht, um die Amis nervös zu machen.“

Nach dem Feuerwerk will ich Bleigießen.
Meine Frau will das nicht, aus ökologischen und ästhetischen
Gründen. Deshalb einigen wir uns auf einen schmerzlichen
Kompromiss. Irgendein Ökofreak hat nämlich kürzlich das
Wachsgießen erfunden. Das ist umwelttechnisch unbedenklich,
aber auch völlig witzlos.
Du kippst heißes Wachs in einen Topf mit kaltem Wasser
und ich bezeuge: da lässt sich nichts erkennen.
Kein Drache, kein Herz, kein dicker Mann, nicht mal ein
Schweinenackensteak. Absolut nichts lässt sich da erkennen.

Da schwimmt dann einfach nur ein flacher Wachsfladen.
Nicht mal dreidimensional. Da zischt auch nix.
Es macht einmal „plopp“ und das war’s dann.
Sicher ließen sich da irgendwelche Gebilde erkennen,
wenn man wollte. Ich will aber nicht!
Das kommende Jahr lässt sich ausschließlich mit Blei vorhersagen.
Das war schon immer so.
Und es tritt auch immer nur das ein, woran man glaubt.
Ich glaube nur an Blei.

Meine Frau: „Schau mal, das sieht aus wie ein Schwan,
der gerade mit dem Kopf ins Wasser taucht.
Und das, das ist doch eindeutig eine Gitarre.“
Und ich: „Eine Gitarre hat einen Korpus und einen Hals.
Das da, das ist nicht einmal ein Dudelsack.“
Und sie: „Ja, aber immerhin.“

Und ich: „Ein erschlaffter Dudelsack, den irgendein besoffener Schotte mit Wachs überzogen hat.“
Und sie: „Stimmt.“
Und ich: „Und dann hat sich der besoffene Schotte mit seinem breiten Schottenarsch auf den schlaffen Wachsdudelsack draufgesetzt.“
Und sie: „Beeindruckend, nicht wahr?“
Und ich: „Und gefurzt.“
Und sie: „Toll. Und was bedeutet das jetzt für das neue Jahr?“
Ich bleibe ihr die Antwort schuldig.
Stattdessen muss sie akzeptieren, dass ich jetzt ins Bett will.

Wie sehne ich mich zurück nach den Zeiten,
in denen das einzig große Highlight an Silvester darin bestand,
bis nach Mitternacht wach bleiben zu dürfen.
Das ganze Jahr hat sich der kleine Altinger darauf gefreut.
Wach bleiben dürfen. Der Wahnsinn.

Ab 18.00 Uhr saß man vor dem Fernseher,
glotzte Sketchsendungen und dann noch ein, zwei Schlagerparaden.
Man stopfte sich voll mit Erdnussflips und Salzletten und wartete,
bis es endlich so spät war, wie sonst nie im Jahr.

Alle fünf Minuten schaute ich auf die Uhr
und konnte es schier nicht fassen: „Wahnsinn, schon nach 10!“
Ab halb 11 wurde ich dann sehr müde.
Ich war schließlich schon seit 5 Uhr morgens wach.

Ich konnte in der Nacht davor nie richtig schlafen,
weil ich so aufgeregt war, angesichts der Tatsache,
am nächsten Abend wach bleiben zu dürfen.
Um 5 Uhr morgens stand ich also auf und wartete darauf,
dass es endlich spät wurde.

Kurz vor 23.00 Uhr war mein Bruder dann so freundlich,
mir dabei zu helfen, nicht einzuschlafen.
Er begann, mich anzustupsen. Von hinten, mit dem Fuß.
Alle fünf Sekunden. Sein Fuß in meinen Rücken.
Ich sag: „Hör auf." Er macht weiter. Alle fünf Sekunden:
Stups, Fuß ins Kreuz. Ich sage: „Hör auf." Es tat nicht weh.
Aber es brachte mich aus dem Gleichgewicht.
Und meine Augen mussten immer wieder die Schärfe des
Fernsehbildes neu einrichten. Dadurch wurde mir allmählich
schwindlig und schlecht. Und wieder: stups, Fuß ins Kreuz.
„Hör jetzt endlich auf!"

Das hat der immer gemacht.
Und er wusste immer genau, ab wann er sich bereithalten musste,
um rechtzeitig loszurennen.
Er konnte praktisch von meinem Rücken ablesen, ab wann ich Rot
sah. Und als ich endlich explodierte, war er mir immer drei bis vier
Schritte voraus. Wir rannten durch das Haus.
Ich schrie und schnaufte, er kicherte.
Die Treppe rauf, die Treppe runter und nochmal durch alle Zimmer.
Sein Vorsprung war immer groß genug,
dass er sich zwischendurch verstecken konnte.
Das kam mir etwas entgegen. Denn während ich nach ihm suchte,
konnte ich für ein paar Momente verschnaufen.
Dann rannte er wieder los.
So lange, bis meine Mutter dazwischenging, mit den Worten:
„Auf der Stelle ist eine Ruh! Sonst geht ihr alle zwei sofort ins Bett!"

Gott, wie gerne wäre ich ins Bett gegangen.
Verzweifelt schaute ich nochmal meinen grinsenden Bruder an
und kämpfte um die letzten Minuten. Schließlich, der Countdown.
Alle brüllten: „10, 9 … 8 …" Sieben, wann kommt endlich die
Sieben?! Na endlich. Und jetzt die Sechs! Komm, sagt bitte „6"!

Hallo!! Es wollte nicht enden! Ein Countdown,
der sich gefühlt noch einmal über ein ganzes Jahr zog.

Und dann nach draußen. Wir hatten nie Raketen oder Böller.
Mein Vater drückte jedem eine Wunderkerze in die Hand
und dann schauten wir zu, wie sich die Nachbarn abmühten
und alles Mögliche in die Luft jagten.

Lange Jahre war ich überzeugt: „Die tun das für uns."
Mit verschränkten Armen vor der Brust stand mein Papa
auf der Terrasse und kommentierte das Geschehen:
„Sehr schön! Wunderbar! Ja, genau so muss das sein!
Gut macht ihr das! Und jetzt den ganzen Dreck bitte wieder schön
wegräumen, gell."
Ich stand staunend daneben und fragte mich:
„Wie macht mein Papa das?
Dass er alle Nachbarn an Silvester dazu bringt,
für uns ein Feuerwerk abzubrennen?"
Ich kam nie auf die Lösung,
aber ich bin noch heute sehr stolz auf ihn.

Mittwoch, 1. Januar

Nach Silvester, Neujahr

Es gibt diese Tage, an denen der Dreck aufsteigt.
Eigentlich kenne ich das nur von kurzen Nächten,
mit unruhigem Schlaf.
Wenn ich so zwischen 4 und 6 Uhr morgens plötzlich aufwache
und die Grübelmaschine anspringt.
Man verzettelt sich in die immer gleichen Dialoge mit sich selbst
und es führt zu absolut nichts. Dabei werden die schlimmen
Gedanken immer lauter im Kopf, bis man irgendwann entnervt
aufsteht und die Sorgen in viel zu starkem Kaffee ertränkt.

Und dann gibt es diesen Tag im Jahr,
da springt die Grübelmaschine am Morgen an
und rattert dann über 24 Stunden durch.
Der ganze Dreck kommt hoch und dagegen hilft weder Kaffee,
noch harter Alkohol oder Sport.
Und genau dieser verdammte Tag ist heute.

Dieser erste Tag des Jahres beginnt damit, dass ich das Radio
einschalte und seine Stimme höre. Der Gute-Laune-Moderator
spricht zu mir. Er macht einen lustigen Spruch über Silvester.
Irgendwas mit „Brot statt Böller", mit einer Pointe, die man sich
schon vorher denken kann. Der Moderator lacht.

Je genauer ich hinhöre, umso stärker merke ich:
das klingt nicht nach Lachen, es ist eher ein Wiehern.
Ein ziemlich trauriges Wiehern. In meinem Kopf entspinnt sich das
Bild von einem frustrierten alten Ackergaul,
der im Studio sitzt und ein Mikro zerkaut:

„Und jetzt, meine lieben verkaterten Silvesterfreunde,
spiele ich für euch von Bryan Adams „18 till I die".
Na, das passt doch, wie die Faust auf's Auge!
Oder wie die Gurke in den Kartoffelsalat." Wieder dieses Wiehern.

Ich bin genervt. Aber da fällt mir ein, was ich zu ihm im Interview gesagt habe und mein Magen zieht sich zusammen.
Wie hat er wohl Silvester verbracht, der arme alte Ackergaul?
Ähnlich einsam wie Heiligabend?
Sicher musste er gestern nüchtern bleiben und früh ins Bett.
Klar, sonst könnte er jetzt nicht am Mikro sitzen
und vorgefertigte Spontan-Gags vom Computerbildschirm lesen.
Ich höre Bryan Adams und bin mir sicher: Das spielt er gerade für mich. Es ist ein bitterer Gruß. Er will, dass ich an ihn denke und daran, wie ich ihn mit meinen Worten in die Gosse getreten habe.

Ich versinke immer weiter in finstere Gedanken.
Da geht endlich die Tür auf und mein Schatz kommt herein.
Sie schlurft von hinten an mich ran, küsst mich gelangweilt ins Genick und meint: „Der Christbaum muss weg. Sofort."
Mit einem Schlag bin ich wieder ganz im Hier und Jetzt.
„Wie? Was ist mit dem Christbaum?"
„Der muss weg. Und schalt bitte den blöden Radio aus.
Der will schon wieder witzig sein."
Ich schalte das Radio aus und meine Frau findet das nächste Hassobjekt: „Und wieso glotzt du schon wieder in die alten Zeitungen?" „Du hast vergessen sie wegzuschmeißen."
Sie: „Du könntest endlich mal auf die Weihnachtspost von K. reagieren." Ich: „Liebling, Weihnachten ist schon lange vorbei.
Das gilt jetzt nicht mehr."

Sie beginnt wieder von vorne: „Der Baum muss weg. Sofort."
„Aber es ist doch noch nicht mal Dreikönig."

„Raus damit!“ Sie steuert ziemlich entschlossen auf den Baum zu. Mir ist nicht ganz klar, was sie mit ihm vorhat, aber ich ahne nichts Gutes. Ich werfe mich vor meine Frau und beschließe, meinerseits die ganze Angelegenheit noch einmal von vorne zu beginnen.

„Guten Morgen, mein Schatz. Hast du gut geschlafen?“
„Halt die Fresse, du Arsch.“ Ich kann mir nicht helfen, aber irgendwie klingt das süß. Ich muss lächeln. Damit erziele ich aber nicht die gewünschte Wirkung.
„Schau nicht so blöd und hilf mir lieber. Der Baum muss weg.“

„Er nadelt doch nicht mal“, verteidige ich den Baum. Genau genommen hatten wir schon lange keinen Christbaum mehr, der irgendwann ernsthaft genadelt hätte. Das finde ich schade. Mir hat das früher immer sehr gefallen, wenn nur noch Kerzen und Lametta an dürren, nackten Ästen hingen. Denn dann wusste man: „Jawohl, jetzt wird's definitiv Zeit, die ersten Ostereier dranzuhängen.“

Meine Frau sagt: „Ich kann dir sagen, warum der nicht nadelt. Weil der giftig ist, die Sau. Der ist völlig überzüchtet und verspritzt.“
„Jetzt trink doch erst mal deinen Kaffee.“
„Ich trinke keinen Kaffee. Ich schütte gar nichts in mich rein, so lange das Arschloch mit mir im Raum ist.“
„Das ist ein Baum und kein Arschloch.“
„Ich weiß ganz genau, was der ist! Ich hasse ihn. Ich hab schon ein Völlegefühl, wenn ich ihn nur ansehe.“

„Dann lass mich wenigstens erst meinen Kaffee trinken. Dann können wir, von mir aus, den Baum abschmücken.“
„Abschmücken? Nix da abschmücken! Ich pack den am Stück. Raus und dann zum Wertstoffhof.“ „Heute ist Feiertag.“
„Ich klingle da so lang, bis einer aufmacht.“

„Jetzt beruhig Dich. Du hast ja recht.
Ich kann ihn auch schon nicht mehr sehen. Außerdem sind die Spekulatiusherzen schon ziemlich ungenießbar.“ Wir hängen Spekulatiusherzen an den Baum, weil das unsere Kinder immer so toll fanden, wenn da was am Baum hängt, das man essen kann. Die Kinder sind aber größer geworden und die Spekulatiusherzen haben ihren Reiz immer weiter verloren. So haben einige Herzen mittlerweile schon viele Weihnachtszeiten unberührt überdauert. Aber ich erbarme mich hin und wieder und koste von ihnen.

Meine Frau meint:
„Wie? Die Spekulatiusherzen sind ungenießbar?“
Und ich: „Ich habe gestern welche gegessen und prompt Durchfall gekriegt.“ Wortlos geht meine Frau zum Baum, pflückt die Spekulatiusherzen herunter und stopft sie gierig in sich hinein.
„Schatz, das ist nicht gut, was du da machst.“
„Was soll bitte an Durchfall nach Weihnachten nicht gut sein?“
„Aber wir sind heut Mittag bei meiner Mama eingeladen.“
„Ich hab schon abgesagt.“
„Schatz, du kriegst Magenkrämpfe,
wenn du das Zeug so reinstopfst.“
„Das halt ich aus.
Ab morgen sanier ich sowieso meine Darmflora.“
„Ach so. Na dann.“
„Machst du mit?“
„Du, ich überleg’s mir. Aber was machen wir jetzt mit dem Baum?“
„Wie? Welcher Baum? Ach so, der Baum. Jaja.
Na, der Baum, der wird nach Dreikönig von der Johanniter-Jugend geholt, wie jedes Jahr.“
„Wo gehst du denn jetzt hin?“
„Ich geh aufs Klo.“
„Und wann kommst du wieder?“
„Ich schick dir eine SMS.“

Samstag, 4. Januar

Klimawandel

Heute will ich einfach mal allein raus aus dem Haus.
Eine Auszeit von Heim und Familie. Nur ich, mit mir.
Am besten rein in die Stadt. In ein Café, kein großes Essen.
Nur ein Getränk und schauen und hören.

Es ist viel zu warm und die Sonne scheint. Das ist man inzwischen gewohnt. Nach Schnee sehnt sich schon lange keiner mehr in dieser Jahreszeit. Schnee gab's mal in meiner Kindheit. Meterhohen Schnee. Praktisch keine Autos, nur Pferdegespanne mit riesigen Schlitten und Bimmelglöckchen.
Und es schien immer die Sonne, auch wenn es schneite.

Nein, heute ist wirklich gar nichts winterlich.
Der letzte Funke von weihnachtlicher Verklärung ist mittlerweile erstickt und der knallharten Realität wird ins fiese Auge geschaut. Das ist jetzt also ganz eindeutig der Klimawandel. Aber eigentlich ist das doch geil und auch ein bisschen witzig, nicht wahr?

„Oh Gott, die armen Eisbären."
Sagt eine schwitzende Dame im Pelzmantel und saugt noch einmal ein Kaltgetränk durch den Strohhalm.
Alle anderen werden in diesen Tagen in den sozialen Netzwerken das gleiche Selfie posten: Im T-Shirt, einen Aperol-Spritz in der Hand, auf der Terrasse vor dem Lieblingscafé.
Und drunter: „Grüße an alle, die noch immer meinen, über Weihnachten in die Karibik fliegen zu müssen.
Smiley mit Sonnenbrille."

Man diskutiert darüber, ob man den nächsten Sommerurlaub in Skandinavien buchen sollte. Grönland oder Sibirien, um wenigstens im August halbwegs erträgliche Temperaturen zu erleben. Cluburlaub mit der ganzen Familie in Sibirien.
Man darf gespannt sein, wer diese Marktlücke zuerst entdeckt.
Das könnte man sich ja echt super vorstellen, wenn nur die Russen nicht wären. Russen im Clubhotel, das soll ja inzwischen schon erträglicher geworden sein, hat man kürzlich irgendwo mal gehört. Aber wenn dann die Engländer kommen, diese durchtätowierten Kampftrinker …

Die ersten Zugvögel sind schon zurückgekommen und viel zu laut. Es ist ja inzwischen wissenschaftlich belegt, dass die Vögel in den Städten in den letzten Jahren lauter geworden sind, um den Straßenlärm zu übertönen. Momentan herrscht hier aber kein Straßenlärm. Es wäre gerade richtig angenehm. Wenn da nicht die blöden Zugvögel wären, die hier rumplärren, als müssten sie fünf Presslufthammer und acht Laubbläser übertönen.
Das kann mir doch kein Mensch erklären, dass dieses Geplärre der Partnersuche dienen soll. Man stelle sich das mal vor:
Ein Paar, das sich schon beim ersten Date anplärrt:
„Ganz schön laut hier, was?!"
„Ja!" „Willst du vögeln?!"
„Was?!" „Vögeln! Weil wir doch Vögel sind!"
„Hä?!" „Das war ein Gag! Vögel und vögeln, verstehst du?!"
„Ah ja, sehr gut! Muss man erst mal drauf kommen."
„Tja, ich bin ja auch nicht irgendein Zugvogel."
„Ach, bist du einer von den Comedy-Staren?"
„Richtig." „Wow."
„Also, willst du?!" „Was?!"
„Vögeln!" „Wieso?!"
Da will ich einfach nur entspannt auf der Terrasse vor einem Café sitzen und dann muss ich mir sowas mit anhören.

Unterste Schiene, reduziert auf die niedersten Triebe,
diese verdammten gefiederten Prolls.

Jemand beschwert sich, dass das Freibad ja wohl langsam auch mal so flexibel sein könnte, um im Januar zu öffnen. Das mit dem Klimawandel wisse man ja wohl jetzt wirklich schon lang genug. Die machen nur deshalb nicht auf, weil sich die Bademeister erst mal vorbräunen wollen, auf den Kanaren oder den Malediven oder so. Daher kommt ja eigentlich der Klimawandel. Weil die Bademeister so viel um die Welt fliegen, zum Vorbräunen.
Eine junge Frau protestiert: „Was ist denn das für ein Quatsch? Es gibt inzwischen ganz viele Solarien, die gesünder sind als die Sonne. Das weiß heute jeder Bademeister."
Gerade will sich eine Diskussion entspinnen über die ökologische Vertretbarkeit von Solarien, da meint ein anderer, er könne nachts nicht schlafen, weil die Winterbettdecken den Kreislauf auf Hochbetrieb halten. Man schwitzt, man wälzt sich von einer Seite zur anderen. Aber jetzt schon auf Sommerbettwäsche zu wechseln, das wäre doch pervers. Dann lieber schwitzen.
Und so verkehrt ist es ja nicht.
Da verliert man wenigstens den Weihnachtsspeck ein bisschen schneller. Man ginge ja auch im Langarmshirt ins Fitnessstudio, weil das die Verbrennung ankurbelt.

„Wie warm ist eigentlich gerade das Mittelmeer?
Kommen da jetzt im Januar auch schon die Flüchtlinge?"
Das hat ein wichtiger Herr am Nebentisch gehört und beruhigt die Lage: „Das bleibt jetzt nur die nächsten Tage so.
Keine Angst, so schnell erwärmt sich das Mittelmeer nicht.
Und spätestens an Fasching ist es eh wieder klirrend kalt.
Da kommen nur ganz wenige Flüchtlinge."
„Freunde, müssen wir schon wieder über Flüchtlinge reden?"
sagt der dunkelhäutige Kellner.

Man entschuldigt sich, man habe den Kellner nicht persönlich beleidigen wollen und lobt ihn für sein makelloses Deutsch.
Aus welchem Land er denn komme, will man von ihm wissen.
Darauf erklärt der Dunkelhäutige:
„Ich bin vor einem Monat aus Eritrea nach Lybien geflüchtet,
von dort durch das Mittelmeer geschwommen,
hab mich in Italien an Salvini vorbeigeschlichen
und bin dann mit einem Viehtransporter nach Deutschland,
dort habe ich gleich einen Sprachkurs belegt
und sofort einen Job gekriegt."
Man hört ihm aufmerksam zu und meint dann,
dass er da wohl zu den wenigen glücklichen Ausnahmefällen zähle,
aber man freue sich für ihn und lobe seinen Fleiß.
Der dunkelhäutige Kellner lacht. „Nein, war nur Quatsch.
Ich bin in Kirchseeon geboren, in Egmating aufgewachsen und studiere im sechsten Semester Maschinenbau."
Reingefallen, hahaha.

Wie denn seine Eltern nach Deutschland gekommen wären, will man dann doch wissen. Er meint: „Meine Eltern wollten immer nur nach Deutschland. Meine Eltern lieben Deutschland. Deutschland hat 6 Millionen Juden getötet." Und lächelt.
Große Empörung! Das wäre aber jetzt mal ein äußerst geschmackloser Scherz. „Wieso Scherz? Es stimmt doch."
Ja, aber man freue sich doch nicht über 6 Millionen getötete Juden. Das ginge ja wohl überhaupt nicht, dieser widerliche Antisemitismus. Sicher, die Juden hätten die Weltbank unter ihrer Kontrolle und auch die ganze Wirtschaft … aber der Holocaust?
Damit könne man doch nicht einverstanden sein.

Eine kleine, alte Frau erhebt sich von ihrem Platz:
„Ruhe! Das ist ja nicht auszuhalten! Ich fühle mich persönlich beleidigt!" brüllt sie. Man zuckt zusammen und flüstert sich

gegenseitig zu: „Och Gott, das wird doch nicht etwa …"
„Nein, ich bin keine Jüdin!" krächzt die Frau,
„ich glaub an gar nichts. Ich bin einfach nur Mensch.
Ein Mensch, der sich die anderen Menschen anschaut
und ihnen zuhört. Manchmal interessiert mich einer,
manchmal finde ich aber auch ein Arschloch.
So geht's mir überall auf der Welt. Und das ist absolut normal.
Aber überall auf der Welt finde ich Menschen, die mir erzählen
wollen, welche Leute besonders schlimm sind und vor wem man
sich in Acht nehmen sollte.
Mein Gott, dann bleibt doch alle zuhause! Verschanzt euch in
euren überteuerten Drecksimmobilien und fürchtet euch!"
Von ein paar Tischen ertönen Applaus und Bravo-Rufe.
Jemand meint: „Was für ein herrliches Plädoyer für Toleranz und
ein menschliches Miteinander!"
Die Leute nicken zustimmend und klatschen noch einmal.

Und die kleine alte Frau sagt: „Vielen Dank. So, und jetzt gehe ich
heim und verdresche meine Katze, das blöde Drecksvieh!"
Kollektives Schweigen. Jemand meint, dass es ja wohl zum Kotzen
sei, wie man hier in kleiner Runde schon aneinandergerät.
Wie solle das dann mit der ganzen Welt noch gut gehen.
Man stimmt zu. Schließlich wäre doch noch immer irgendwie
Weihnachten. Man stimmt zu. Wieder betretenes Schweigen.

Ich nehme jetzt das Heft in die Hand und frage,
ob denn ein Veganer anwesend sei. Offensichtlich nicht.
Jedenfalls meldet sich keiner. Ich sage: „Dann einigen wir uns doch
darauf, dass die Veganer das Letzte sind und an allem schuld."
Man stimmt lachend zu.
Drei dünne junge Männer mit Vollbärten erheben sich wortlos und
verlassen die Terrasse.

Dienstag, 7. Januar

Drei Könige

Ich bin fassungslos. So etwas ist mir noch nie passiert.
Über die letzten Tage hat sich doch tatsächlich ein laissez-faire bei mir eingeschlichen. Mit einer solchen Vehemenz, dass ich nun wirklich den Gipfel der Verwahrlosung erreicht habe.

Gestern war Dreikönig und ich habe vergessen,
die drei Holzfiguren samt Kamel aus ihrer Warteposition hinter der Krippe hervorzuholen und ihnen einen Platz bei der Heiligen Familie zu geben. Ich bin über mich selbst so entsetzt,
dass ich mir spontan vornehme, den nächsten „Heiligabend"
allein auf der Toilette zu verbringen.
Strafe muss einfach sein. Ich bin bitter enttäuscht von mir.

Ich will nichts mehr essen, ich will nichts mehr Schnulziges
im Fernsehen oder auf dem Rechner und schon gar keinen Alkohol.
Nur einmal mit ruhigen Gewissen, ohne grummelnden Bauch und Bluthochdruck einschlafen, das müsste jetzt doch endlich mal zu schaffen sein.

Aber mich drückt noch was. Es lässt mir keine Ruhe.
Generell bin ich ein guter Mensch,
durch und durch und gerade zu dieser Jahreszeit.
Ich möchte im Reinen sein mit mir und meinen Mitmenschen.
Seit gestern ist die staade Zeit wieder Geschichte.
Und doch drückt mich das Wissen, einen anderen Menschen mit einem unguten Gefühl bedacht zu haben.

Ständig geht mir dieser Moderator im Kopf um.
Dieser Radiomensch, der mich eine Woche vor Weihnachten auf dem falschen Fuß erwischt hatte und den ich dafür bestrafen musste, mit Sätzen, die er sicher nicht hören wollte.
Am Mikrofon wollte er, vor seiner treuen Hörerschaft, seine Krise in der männlichen Menopause mit mir teilen und bekam dafür eine herbe Abfuhr, die ihn in eine noch viel tiefere Krise gestürzt haben muss.

Vor nicht ganz drei Wochen, empfand ich diese Begegnung als lustvoll und befriedigend. Ich empfand es als einen moralischen Sieg auf ganzer Linie, ihm mein Lebensglück ins Gesicht gedroschen zu haben. Es verlieh mir Größe und Glanz.
Aber je mehr Tage vergingen, umso stärker hat sich der Anstandswauwau in mir gemeldet und seit einer Woche liege ich nachts wach und hasse mich.
Und wenn ich dann doch einschlafe, dann träume ich unschöne Dinge von diesem Moderator, wie er in der Gosse liegt und immer nur meinen Namen in ein kaputtes Mikrofon brüllt.

Ich war wirklich ein Arschloch.
Ich muss das jetzt klären und rufe ihn an.
Er freut sich. Das erleichtert mich.
Ich frage ihn, ob ich ihn mal auf einen Kaffee einladen könnte, so ganz unverbindlich. Unser letztes Interview hätte mich doch nachhaltig beschäftigt und ich würde deshalb gerne ein paar Dinge mit ihm bequatschen. Wann er denn mal Zeit hätte, frage ich ihn.
Nächste Woche oder im nächsten Monat, ich würde mich da ganz nach ihm richten.
Sicher wäre sein Terminkalender sehr voll, ich möchte ihn nicht noch zusätzlich stressen.
Er meint, er hätte gerade heute wunderbar Zeit

und ich solle doch am besten gleich jetzt vorbeikommen,
wenn es mir nichts ausmache.

Ich überlege kurz, ob ich ablehnen soll.
Es kommt nicht gut, wenn man zu spontan Zeit hat.
Man könnte daraus schließen, dass ich generell viel Zeit habe,
vielleicht sogar froh bin, wenn mal jemand für mich Zeit hat,
damit mir nicht langweilig wird, in meiner unendlichen Freizeit.
Ich sage aber zu, weil ich die Angelegenheit klären will und
außerdem hat mein Schlafdefizit mittlerweile
bedenkliche Formen angenommen und das ist gar nicht gut für
meine Work-Life-Balance.

Meinen besten Rotwein werde ich ihm mitbringen.
Ich habe null Ahnung von Rotwein.
Aber kurz vor Weihnachten bekomme ich immer sehr gute Tropfen
geschenkt. Jedenfalls gehe ich davon aus, dass es sehr gute Tropfen
sind. Ich kann es allerdings nicht konkret bestätigen,
da ich Flaschen, die kunstvoll in Geschenkpapier gehüllt
oder in feine Holzkistchen gebettet sind, niemals auspacke,
sondern einfach weiterverschenke.
Persönliche Widmungen streiche ich aber zuvor immer mit einem
fetten, schwarzen, wasserfesten Stift durch,
damit es zu keinen peinlichen Missverständnissen kommt.

Der Moderator wohnt nicht weit von mir entfernt.
Gerade mal eine halbe Stunde Autofahrt.
Über die Bundesstraße, eine kleine Nebenstraße,
noch eine Nebenstraße, dann ein kleiner Feldweg,
zunächst geteert, schließlich nur noch ein schmaler Schotterweg.
Mein Navi gibt auf und ich fahre alleine weiter.
Ich lasse mich nicht abschrecken.
Zur Not werde ich den Wagen abstellen und den Weg zu Fuß

beenden. Ich will ihn erreichen, ich will zum traurigen
Gute-Laune-Moderator.

Der Schotterweg wird wieder breiter und mündet in eine Baumallee, die sich nach ein paar hundert Metern öffnet und schließlich zu einer Kiesauffahrt wird. Eine Kiesauffahrt zu einem prachtvollen Anwesen. Ein ehemaliges Gehöft.
Ganz frisch renoviert. Ein Vierkanthof, direkt am See,
mit einem kleinen Gestüt. Zwei große Hunde laufen mir entgegen.
Staunend und angsterfüllt bleibe ich im Wagen sitzen und stelle mich tot. Der Moderator kommt aus dem Haus.
In der einen Hand hat er zwei Gläser,
in der anderen eine Flasche mit edelsten Rotwein.
Er macht eine lässige Geste und die beiden Riesenhunde
ziehen sich sofort zurück. Ich beschließe, doch keinen Rotwein mitgebracht zu haben und werfe schnell eine Decke über die Flasche auf dem Rücksitz.

Der Moderator sieht heute ganz anders aus, als ich ihn kenne.
Er trägt einen coolen Trainingsanzug,
eine Goldkette und Badeschlappen.
Er gießt die beiden Gläser randvoll,
wir stoßen an und trinken. Der Rotwein schmeckt abscheulich.
Er spuckt ihn auf den Boden und sagt:
„Was für ein fürchterliches Zeug! Egal.
Hab ich geschenkt bekommen.“ Er schüttet den Rest der Flasche auf den Kies, schaut mich an und lacht:
„Hey, alles klar. Komm rein, Alter!“ legt mir einen Arm um die Schulter und führt mich zum Haus.

Er führt mich gleich in das Untergeschoss,
dort hat er ein Musik-Studio. Ich kann das nicht beurteilen,
aber es wirkt doch alles sehr teuer und modern.

Es dauert nicht lange und ich erfahre:
Er ist megaerfolgreich, als Produzent, Komponist und
vor allem als Texter für Hiphop-Künstler.
„Ich schreibe die Texte für Proleten, die
damit im Internet berühmt werden. Den Radiojob mache ich nur so
nebenbei, weil es meine alte Liebe ist.
Hey, vergiss nie, wo du herkommst, Alter."
Sagt er und ich sage nichts, weil mir gerade nichts einfällt.
Und mir fällt auch nichts ein, als er mir sagt, dass er früher Profi-Triathlet war, sich dabei verletzt hat und dann zum Radio ging.
„Ich laufe aber noch jedes Jahr beim New-York-Marathon mit.
So fit bin ich schon noch."

Noch sprachloser werde ich,
als seine Frau mit den beiden Kindern zu uns in das Studio kommt,
um „Hallo" zu sagen. Es ist eine wunderschöne, strahlende Frau.
Sicher hat sie was an sich machen lassen.
Das sieht man aber nicht, weil sie sich genau die Ärzte leisten kann,
die das so machen, dass man nicht sieht,
dass da was gemacht wurde.
Ich finde das unfair und kann nicht aufhören, sie anzustarren.

Als die Kinder mich sehen, fragen sie als erstes:
„Ist der berühmt?"
Da finde ich endlich die Sprache wieder und antworte locker und
spaßig: „Na, wenn ihr mich nicht kennt,
dann kann ich ja wohl kaum berühmt sein." Ich lache.
Ich lache allein. Die Frau und die Kinder verschwinden wieder,
ohne ein Wort.

Dann lacht der Moderator. Er lacht ständig.
Alles ist witzig und er wirkt verdammt glücklich. Glücklicher als ich.
Er lehnt sich auf seiner Studio-Couch zurück und meint:

„Scheiße, ist das Leben schön. Weihnachten war richtig klasse.
Weihnachten, das ist für mich zu Hause,
das ist Familie. In dieser Zeit, da bin ich ein anderer Mensch,
ja, fast schon ein Kind. Soll ich dir was verraten, Alter:
Ich hasse Hiphop. Ich finde das total verblödet, was ich da
produziere, aber es bringt die Mega-Asche, verstehst du?
Soll ich dir sagen, was ich echt geil finde:
Peter Alexander. Ja, ganz ohne Scheiß, Alter.
Diese samtene, herrliche Stimme. Das ist für mich Plätzchenduft
und behütete Kindheit. Ich kann nicht genug davon kriegen.
Meine Frau hasst das. Die könnte mich jedes Mal killen." Er lacht.

Ich möchte ihn anbrüllen. Peter Alexander gehört mir!!
Was bildet der sich ein?! Was soll ich jetzt tun?
Soll ich jetzt umschwenken auf Heintje?
(Nur kurz zu Erklärung für die jüngeren Leser:
Heintje ist ein holländischer Kastrat aus den 70er-Jahren und
ist und bleibt für alle Zeit der Höhepunkt des Schmalzes.)
Nein, so weit will ich es nicht kommen lassen.
Nur im äußersten Notfall.

Der Moderator quatscht weiter:
„Und soll ich dir noch ein Geheimnis verraten.
An Silvester schaue ich immer so alte Sketche
mit „Harald Juhnke und Eddie Arendt".
Meine Frau liebt das. Nur drei, vier Sketche, nicht mehr.
Wir haben schließlich viele Gäste im Haus und nicht jeder mag das."

Ich kralle mich an meinen Oberschenkeln fest und sage:
„Ich stehe mehr auf Monty Python."
Er findet das auch ganz toll und quält mich in der nächsten halben
Stunde mit einer Nacherzählung der besten Szenen aus den Filmen
„Life of Brian", „Flying circus" und „Die Ritter der Kokosnuss".

Um ihm etwas von seiner Selbstgefälligkeit und Begeisterung zu nehmen, sage ich: „Ich schau mir das immer im Originalton an."
Und er: „Ja, ich auch. Das ist noch viel besser."
In der nächsten halben Stunde spielt er mir noch einmal
die selben Szenen auf Englisch vor.

Er meint: „Das ist so der Hammer.
Das ist die beste comedy ever. Weißt du, da setz ich mich einfach mal alleine hin und genieße vielleicht nebenher noch eine leckere …"
Ich denke: „wenn er jetzt ‚Banane und Mon Cherie' sagt,
dann springe ich ihm mit dem nackten Arsch ins Gesicht."
Das sagt er aber nicht. Nein, er sagt: „Da setz ich mich einfach mal alleine hin und genieße was Leckeres aus dem Wok."
Tut mir auch weh. Ich kann aber damit leben.
„Und dann spiele ich Querflöte." Waas?!
„Ich habe das lange Zeit gelernt.
Ich wollte spielen wie Ian Anderson von Jethro Tull.
Du weißt schon: auf einem Bein stehend und dann ‚Locomotive breath' und so. Das kam damals unheimlich gut an bei den Mädels.
Gerade bei denen, die Klavier üben mussten und den halben Tag langweilige Cerny-Etüden klimpern durften.
Für die war meine Querflöte der reinste Sex.
Und ich natürlich auch, hahaha."
Und ich denke: Wenn er jetzt noch einen Gag mit „blasen" macht, dann kotz ich auf den Teppich.

Er lacht und schüttelt sich auf der Couch. Ich klinke mich geistig kurz aus, um die Situation noch einmal genau zu analysieren.
Was passiert hier gerade?
Es kann doch nicht mit rechten Dingen zugehen.
Er arbeitet sich geradezu an allem ab, was mir heilig ist.
Und jetzt wird es mir allmählich klar. Es wird mir klar und klarer.
Jawohl, ich habe verstanden.

Das ist hier eine dieser billigen Geschichten,
die damit enden, dass ich irgendwann meine Augen öffne,
schweißgebadet in meinem Bett liege und feststelle:
„Ätsch, alles nur geträumt."

Ich habe verstanden und will jetzt sofort aufwachen.
Ich zwicke mich, ich hau mir eine runter. Hallo! Wach auf!
Der Moderator fragt mich, ob denn alles bei mir in Ordnung sei.
Ich sage: „Ja, alles bestens."
Und dresche mein Schienbein gegen den Beistelltisch.
Es sind höllische Schmerzen. Ich schreie und fluche.
Allein dieses Geschrei müsste mich doch wecken.

Aber ich bleibe, wo ich bin.
Ich knie nieder und schlage meinen Kopf heftig auf's Parkett.
Er meint, das sei sehr interessant,
ich gehöre wohl einer ganz neuen fundamentalistischen
Religionsgemeinschaft an. Er lacht.
Ich brülle: „Ich bin römisch-katholisch!"
und bitte ihn um ein paar Tücher und Verbandszeug,
um die Blutungen auf meiner Stirn zu stoppen.
Er reicht mir einen Erste-Hilfe-Koffer und fragt mich,
ob er denn sonst noch was für mich tun könnte. Ich antworte nicht.
Stattdessen habe ich gerade einen Eimer mit Wasser gefüllt und
will mir die volle Ladung über den Kopf schütten.
Er meint: „Ach, das erinnert mich an ein Weihnachten,
da brannte mal unser Baum …". Ich schütte mir das Wasser über
den Kopf und wache noch immer nicht auf.
Jetzt reicht er mir ein Handtuch und frische Klamotten und fragt
mich, ob ich denn noch einen Wunsch hätte.

Ich verneine und er meint: „Ach ja. Apropos Wünsche.
Das erinnert mich an „Drei Nüsse für Aschenbrödel".

Ich war ja so verliebt in die Hauptdarstellerin.
Sie heißt Libuše Šafránková, den Namen merke ich mir,
seit ich sie das erste Mal sah.
Ich habe meine Tochter nach ihr benannt. Ist sie nicht wunderschön?“

Okay. Entweder ist das jetzt eine Psychose oder eine Verkettung von fiesen Träumen, wo mich ein fieser Traum in den nächsten stolpern lässt oder es ist eine ganz hundsgemeine Realität und ich bin tatsächlich in der Hölle gelandet. Egal.
Ich muss sehen, wie ich das regle. In Ordnung, dann eben so.
Pass auf, du verlogener Hiphop-Opa.
Dir werde ich die Sache ordentlich versauen.
Ich versuche, wieder eine einigermaßen normale Haltung anzunehmen und meine: „Ach ja, Aschenbrödel. Das Mädchen, das ihre Synchronstimme sprach, das war übrigens auch sehr süß.“
Darauf er: „An die Stimme kann ich mich gar nicht mehr so erinnern.“ Dann ich: „Oh doch, die Stimme ist wichtig.
Stell dir vor, ihre deutsche Synchronstimme war dann später die Stimme von Marge Simpson.“ „Was? Elisabeth Volkmann?“
„Jaja! Wusstest du das nicht?“

Für immer sollst du an Marge Simpson denken,
wenn du Aschenbrödel siehst, mein Freund!
Wenn das hier die grausame Realität sein soll,
dann will ich sie dir ordentlich versalzen.
„Peter Alexander soll ja mal was gehabt haben mit dieser Libuše.
„Was!?“ Man stelle sich das vor: Er war 27 Jahre älter als sie.
Sie war angeblich seine Muse für seinen Hit:
„Aus Böhmen kommt die Musik“.

Jetzt fällt ihm nichts mehr ein, dem Moderator:
„Ist das wirklich wahr?“ stammelt er.
„Ja ja. Aber das kann mir egal sein.

Denn ich stehe mehr auf Heintje!“ Das gibt ihm den Rest.
Ich wollte es umgehen, aber es musste einfach sein.
„Ach ja, Heintje, den hatte ich ja fast vergessen.“
„Ja ja, sowas vergisst man manchmal, nicht wahr.
Sowas merkt man sich nur, wenn man ein echter,
ein wirklicher Weihnachtsfreak ist.“
Ich finde mich jetzt ziemlich arrogant, aber ich mag mich.
Der Moderator gibt auf: „Da bin ich sprachlos.“
Und ich, mit Schaum vor dem Mund: „Ja, nicht wahr.“
Und er: „Aber weißt du, ich sage immer:
Die inneren Monologe sind doch meistens die fruchtbarsten.“

Was hat er da eben gesagt? Ich kenne diesen Satz.
Ich glaube, ich habe ihn selbst schon einmal verwendet.
„Die inneren Monologe sind doch meistens die fruchtbarsten.“
Was für ein banaler Quatsch! Aber da fällt mir ein:
Ich habe diesen Satz auch schon einmal gelesen,
in einem Brief. Und ich weiß noch, es war nichts Gutes,
es war mir unangenehm.

Der Moderator grinst und meint: „Das ist der Titel für das erste
Hiphop-Album, das ich ganz für mich machen will.
Wir werden es nächstes Jahr zu Weihnachten veröffentlichen.“
Ich stehe da und schwitze und grüble.

Der Moderator: „Der Satz ist aber nicht von mir.
Er ist von meiner neuen Managerin. Jenny, kommst du mal?“
Aus dem Hintergrund tritt Jenny. Sie war die ganze Zeit da und hat
uns zugehört. Ich kenne Jenny. Diese Frau heißt nicht Jenny!
Sie heißt K. Ich habe sie selbst so getauft.

K. lächelt und meint:
„Hallo Altinger, ich hoffe, meine Weihnachtspost hat dich gefreut.
Ich wollte dir noch einmal sagen: Du hast mir mit diesem Satz so viele Horizonte geöffnet. Er hat so viel Reife und Entspanntheit, weißt du.
Passt auch irgendwie total zu Weihnachten, finde ich.
Deine Frau hat mir gesagt, dass es völlig okay für dich ist, wenn wir den Satz groß rausbringen."

Ich will sofort nach Hause. Mir reicht's jetzt.
Ich stürze zu meinem Wagen und leere noch während der Fahrt die Weinflasche von der Rückbank.

„Jetzt beruhig dich mal. Du hast selbst gesagt:
Das ist der banalste Satz, den du jemals von dir gegeben hast."
Sagt meine Frau. Und ich: „Ja, aber das ist meiner!"
„Nein! Diesen Satz hat damals der Vorstand der Blaskapelle zu dir gesagt, als er dich mit deiner Querflöte aus der Orchesterprobe geschmissen hat. Das hast du mir selber erzählt!"

Sie hat recht. Schon wieder hat sie recht.
Ich tu einfach so, als hätte ich ihr nicht zugehört.
Dass ein Satz von mir Horizonte öffnet, das ist ja gerade noch zu ertragen. Aber dass jemand Geld damit verdient und noch dazu so jemand, wie dieser … mir will kein Wort mehr einfallen.
Und das ist gut so.

Ich will auf meine Couch, ich will schlafen, mindestens eine Woche werde ich brauchen, um das hier zu verdauen.
Gerade will ich die Augen schließen, da beugt sich meine Liebste zu mir und flüstert mir ins Ohr:
„Übrigens, der Vorstand vom Fußballverein hat eben angerufen.
Er wollte wissen, wann du denn heute Abend auf der Faschingsparty als Nikolaus auftreten willst."